ELETROQUÍMICA

Caderno de Atividades

3ª edição

JOSÉ RICARDO L. ALMEIDA

NELSON BERGMANN

editora HARBRA

Direção Geral:	Julio E. Emöd
Supervisão Editorial:	Maria Pia Castiglia
Revisão de Texto:	Patrícia Gazza
Revisão de Provas:	Mônica Roberta Suguiyama
Ilustrações:	KLN Ana Olívia Justo
Editoração Eletrônica:	AM Produções Gráficas Ltda.
Capa:	Grasiele Lacerda Favatto Cortez
Fotografias da Capa:	Shutterstock: Alphaspirit, Andrew Scherbackov, Gines Romero, Gyn9037, Jana Schoenknecht, Marynchenko Oleksandr, Ra3rn, Udra11, Yanlev, Yxowert
Impressão e Acabamento:	Log & Print Gráfica.

Dados Internacionais de Catalogação na Publicação (CIP)
(Câmara Brasileira do Livro, SP, Brasil)

Almeida, José Ricardo L.
Eletroquímica : caderno de atividades / José Ricardo L. Almeida, Nelson Bergmann. - - 3. ed. -- São Paulo : HARBRA, 2015.

Bibliografia.
ISBN 978-85-294-0448-6

1. Eletroquímica 2. Ensino médio I. Bergmann, Nelson. II. Título.

14-11673 CDD-541.307

Índices para catálogo sistemático:
1. Eletroquímica : Ensino médio 541.307

ELETROQUÍMICA – CADERNO DE ATIVIDADES – 3ª edição

Rua Joaquim Távora, 629
04015-001 São Paulo – SP
Promoção: (0.xx.11) 5084-2482 e 5571-1122. Fax: (0.xx.11) 5575-6876
Vendas: (0.xx.11) 5084-2403, 5571-0276 e 5549-2244. Fax: (0.xx.11) 5571-9777

ISBN 978-85-294-0448-6

Impresso no Brasil *Printed in Bra*

Apresentação

"A satisfação da própria curiosidade é uma das grandes fontes de felicidade da vida."
"Satisfaction of one's curiosity is one of the greatest sources of happiness in life."

Linus Pauling
Químico norte-americano, prêmio Nobel de Química (1954) e da Paz (1962).

Já se foi o tempo em que a Química era vista como um conjunto de teorias e suposições sobre algo que não se sabia exatamente o que era, sobre um tipo de "mágica".

Constata-se, hoje, que a Química está presente em todas as atividades humanas, na vida dos seres, nas relações comerciais, na luz que emana da combustão de uma folha de papel.

Os antigos egípcios afirmavam que o significado de Kēme (chem), a Química, era "terra". E estavam certos. A amplitude e abrangência da ciência Química em nossa Terra podem até mesmo nos amedrontar, mas para não deixar que isso aconteça é preciso conhecer essa ciência. Não só o que ela foi e o que ela é, mas também o que ela será.

Química é *transformação* e *conexão*. E o mesmo pode ser afirmado para o objetivo deste trabalho: o *conhecimento*.

Nosso convite tem como origem a pretensão (nada modesta!) de transformar a visão que se tem da Química e inseri-la em um mundo que faça jus às particularidades contemporâneas, sem, contudo, esvaziar sua grandeza. Com esta coleção almeja-se apresentar de forma descontraída e precisa não só os preceitos básicos, mas também discussões mais aprofundadas da ciência central. Deseja-se, enfim, poder partilhar cada uma dessas reflexões com aqueles que agora leem estas palavras, porque só assim fará sentido querer compreendê-las.

Com esse objetivo, os conteúdos de Química passam a ser divididos, a partir desta edição, em quatro volumes, cada um contendo exercícios agrupados em séries em ordem crescente de dificuldade (Séries Prata e Ouro, para o livro de **Química Geral**; Séries Prata, Ouro e Platina para os demais), de modo a guiar os alunos nessa escalada do conhecimento.

No livro **Química Geral**, o aluno percorrerá os conceitos fundamentais da atomística e química geral.

A química orgânica, por sua vez, é tratada com exclusividade pelo livro **Química Orgânica**. Esse volume aborda os diversos tipos de reações até a introdução da bioquímica.

No livro **Físico-Química**, que busca estabelecer o primeiro contato entre a Química e a Física, passa-se pelo estudo das soluções, propriedades coligativas, termoquímica, cinética, equilíbrio molecular e iônico. Essa linha de estudo da físico-química será encerrada e aprofundada pelo livro **Eletroquímica**, que também aborda conceitos como pilhas, pilhas combustíveis e processos de eletrólise, colocando em pauta, do ponto de vista econômico e sustentável, possíveis fontes alternativas de energia.

Além da nova organização dos volumes, nesta nova edição foram inseridos **Exercícios Resolvidos** de modo a auxiliar o estudante no processo de aprendizagem.

E se a sustentabilidade é uma das palavras de ordem da Química do novo milênio, não poderíamos deixar de evoluir também nesse sentido. A partir desta edição, os gabaritos e resoluções dos exercícios encontram-se disponíveis na Internet e podem ser acessados pelos alunos por meio da plataforma da editora HARBRA, responsável pela edição deste material.

Nosso agradecimento especial aos alunos por nos acompanharem na procura por uma visão transformadora da Química, inserindo-a no século XXI, de modo sustentável e limpo, sem perder o foco com as relações do cotidiano.

Um abraço,
Os autores.

Conteúdo

Capítulo 1

Método do Íon-elétron ou Método da Semirreação

1. Equilibrando equações de oxidorredução

Existem dois métodos de balanceamento destas equações: o método do número de oxidação (utilizado no livro de Química Geral) e o método da semirreação, também conhecido como método do íon-elétron; eles são diferentes e não devem ser confundidos entre si. Cada um tem suas vantagens e desvantagens. A maior vantagem do método do número de oxidação é a sua rapidez.

1.1 Método da semirreação para soluções ácidas

1. Escreva as semirreações de oxidação e redução e balanceie os átomos oxidados e reduzidos.
2. Balanceie os átomos de O usando H_2O.
3. Balanceie os átomos de H usando H^+.
4. Adicione elétrons (e^-) a cada semirreação ao lado deficiente em carga negativa, isto é, para alcançar o equilíbrio elétrico.
5. Uma vez que o número de elétrons ganhos e perdidos deve ser igual, multiplique cada semirreação pelo número apropriado para tornar igual o número de elétrons de cada semirreação.
6. Some as duas semirreações, cancelando os elétrons e quaisquer outras substâncias que apareçam em lados opostos da equação.

1.2 Método da semirreação para soluções básicas

Balancear como se fosse solução ácida e, ao final, juntar OH^- a ambos os membros da equação para "neutralizar" o H^+ que se converte em H_2O.

Exercício resolvido

$$PbO_2(s) + Mn^{2+}(aq) \longrightarrow Pb^{2+} + MnO_4^{1-}(aq) \quad \text{meio ácido}$$

Oxidação	Redução
1. $Mn^{2+} \longrightarrow MnO_4^{1-}$	$PbO_2 \longrightarrow Pb^{2+}$
2. $Mn^{2+} + 4\,H_2O \longrightarrow MnO_4^{1-}$	$PbO_2 \longrightarrow Pb^{2+} + 2\,H_2O$
3. $Mn^{2+} + 4\,H_2O \longrightarrow MnO_4^{1-} + 8\,H^+$	$PbO_2 + 4\,H^+ \longrightarrow Pb^{2+} + 2\,H_2O$
4. $Mn^{2+} + 4\,H_2O \longrightarrow MnO_4^{1-} + 8\,H^+ + 5e^-$	$PbO_2 + 4\,H^+ + 2e^- \longrightarrow Pb^{2+} + 2\,H_2O$

$$Mn^{2+} + 4\,H_2O \longrightarrow MnO_4^{1-} + 8\,H^+ + 5e^- \ (\times 2)$$

$$PbO_2 + 4\,H^+ + 2e^- \longrightarrow Pb^{2+} + 2\,H_2O \ (\times 5)$$

$$2\,Mn^{2+}(aq) + 5\,PbO_2(s) + 4\,H^+(aq) \longrightarrow 2\,MnO_4^{1-}(aq) + 5\,Pb^{2+}(aq) + 2\,H_2O(l)$$

Exercícios Série Prata

Usando o método da semirreação, complete e balanceie as seguintes equações que estão ocorrendo em solução ácida.

1. $Fe^{2+} + MnO_4^{1-} \longrightarrow Fe^{3+} + Mn^{2+}$

Oxidação

1) $Fe^{2+} \longrightarrow Fe^{3+}$

2) $Fe^{2+} \longrightarrow Fe^{3+}$

3) $Fe^{2+} \longrightarrow Fe^{3+}$

4) $Fe^{2+} \longrightarrow Fe^{3+} + e^-$ (× 5)

Redução

1) $MnO_4^- \longrightarrow Mn^{2+}$

2) $MnO_4^- \longrightarrow Mn^{2+} + 4\ H_2O$

3) $MnO_4^- + 8\ H^+ \longrightarrow Mn^{2+} + 4\ H_2O$

4) $MnO_4^- + 8\ H^+ + 5e^- \longrightarrow Mn^{2+} + 4\ H_2O$

oxidação: $5\ Fe^{2+} \longrightarrow 5\ Fe^{3+} + 5e^-$

redução: $MnO_4^- + 8\ H^+ + 5e^- \longrightarrow Mn^{2+} + 4\ H_2O$

equação final: $MnO_4^- + 8\ H^+ + 5\ Fe^{2+} \longrightarrow$
$\longrightarrow Mn^{2+} + 4\ H_2O + 5\ Fe^{3+}$

2. $Co + NO_3^{1-} \longrightarrow Co^{3+} + NO_2$

Oxidação

1) __________

2) __________

3) __________

4) __________

Redução

1) __________

2) __________

3) __________

4) __________

oxidação: __________

redução: __________

equação final: __________

3. $Ag^+ + HCHO \longrightarrow Ag + HCO_2H$

Oxidação

1) __________

2) __________

3) __________

4) __________

Redução

1) __________

2) __________

3) __________

4) __________

oxidação: __________

redução: __________

equação final: __________

4. $H_2S + Cr_2O_7^{2-} \longrightarrow S + Cr^{3+}$

Oxidação

1) __________

2) __________

3) __________

4) __________

Redução

1) __________

2) __________

3) __________

4) __________

oxidação: __________

redução: __________

equação final: __________

5. (UNESP) $H_2C_2O_4 + MnO_4^{1-} \longrightarrow CO_2 + Mn^{2+}$

Oxidação

1) __________

2) __________

3) __________

4) __________

Redução

1) __________

2) __________

3) __________

4) __________

oxidação: __________

redução: __________

equação final: __________

6. $CH_3CH_2OH + Cr_2O_7^{2-} \longrightarrow CH_3COOH + Cr^{3+}$ (teste do bafômetro)

Oxidação

1) __________

2) __________

3) __________

4) __________

Redução

1) __________

2) __________

3) __________

4) __________

oxidação: __________

redução: __________

equação final: __________

Usando o método da semirreação, complete e balanceie as seguintes equações que estão ocorrendo em solução básica.

7. $MnO_4^{1-} + I^{1-} \longrightarrow MnO_2 + IO_3^{1-}$

Oxidação

1) $I^- \longrightarrow IO_3^-$
2) $I^- + 3\,H_2O \longrightarrow IO_3^-$
3) $I^- + 3\,H_2O \longrightarrow IO_3^- + 6\,H^+$
4) $I^- + 3\,H_2O \longrightarrow IO_3^- + 6\,H^+ + 6e^-$

Redução

1) $MnO_4^- \longrightarrow MnO_2$
2) $MnO_4^- \longrightarrow MnO_2 + 2\,H_2O$
3) $MnO_4^- + 4\,H^+ \longrightarrow MnO_2 + 2\,H_2O$
4) $MnO_4^- + 4\,H^+ + 3e^- \longrightarrow MnO_2 + 2\,H_2O\ (\times\ 2)$

oxidação: $I^- + 3\,H_2O \longrightarrow IO_3^- + 6\,H^+ + 6e^-$
redução: $2\,MnO_4^- + 8\,H^+ + 6e^- \longrightarrow 2\,MnO_2 + 4\,H_2O$
Introduzindo 2 OH^-: $2\,MnO_4^- + I^- + 2\,H^+ + 2\,OH^- \longrightarrow 2\,MnO_2 + IO_3^- + H_2O + OH^-$
equação final: $2\,MnO_4^- + I^- + H_2O \longrightarrow 2\,MnO_2 + IO_3^- + 2\,OH^-$

8. $Zn + ClO^{1-} \longrightarrow Zn(OH)_2 + Cl^{1-}$

Oxidação

1) ______________________________
2) ______________________________
3) ______________________________
4) ______________________________

Redução

1) ______________________________
2) ______________________________
3) ______________________________
4) ______________________________

oxidação: ______________________________
redução: ______________________________
equação final: ______________________________

Exercícios Série Ouro

Use o método da semirreação para equilibrar as equações em meio ácido.

1. $Cr_2O_7^{2-}(aq) + Fe^{2+}(aq) \longrightarrow Cr^{3+}(aq) + Fe^{3+}(aq)$

Oxidação

1) ______________________________
2) ______________________________
3) ______________________________
4) ______________________________

Redução

1) ______________________________
2) ______________________________
3) ______________________________
4) ______________________________

oxidação: ______________________________
redução: ______________________________
equação final: ______________________________

____

2. $Ag(s) + NO_3^-(aq) \longrightarrow NO_2(aq) + Ag^+(aq)$

Oxidação

1) ______________________________
2) ______________________________
3) ______________________________
4) ______________________________

Redução

1) ______________________________
2) ______________________________
3) ______________________________
4) ______________________________

oxidação: ______________________________
redução: ______________________________
equação final: ______________________________

____

3. $MnO_4^{1-}(aq) + HSO_3^{1-}(aq) \longrightarrow Mn^{2+}(aq) + SO_4^{2-}(aq)$

Oxidação

1) ______________________________
2) ______________________________
3) ______________________________
4) ______________________________

Redução

1) ______________________________
2) ______________________________
3) ______________________________
4) ______________________________

oxidação: ______________________________
redução: ______________________________
equação final: ______________________________

____

4. $Zn(s) + NO_3^-(aq) \longrightarrow Zn^{2+}(aq) + N_2O(g)$

Oxidação

1) ____
2) ____
3) ____
4) ____

Redução

1) ____
2) ____
3) ____
4) ____

oxidação: ____
redução: ____
equação final: ____

5. $U^{4+}(aq) + MnO_4^{1-}(aq) \longrightarrow Mn^{2+}(aq) + UO_2^+(aq)$

Oxidação

1) ____
2) ____
3) ____
4) ____

Redução

1) ____
2) ____
3) ____
4) ____

oxidação: ____
redução: ____
equação final: ____

Use o método das semirreações para equilibrar as equações em meio básico.

6. $ClO^-(aq) + CrO_2^-(aq) \longrightarrow Cl^-(aq) + CrO_4^{2-}(aq)$

Oxidação

1) ____
2) ____
3) ____
4) ____

Redução

1) ____
2) ____
3) ____
4) ____

oxidação: ____
redução: ____
introduzindo OH^-
equação final: ____

7. $Br_2(l) \longrightarrow Br^-(aq) + BrO_3^-(aq)$

Oxidação

1) ____
2) ____
3) ____
4) ____

Redução

1) ____
2) ____
3) ____
4) ____

oxidação: ____
redução: ____
introduzindo OH^-
equação final: ____

8. (FUVEST – SP) Uma estudante de Química elaborou um experimento para investigar a reação entre cobre metálico (Cu) e ácido nítrico ($HNO_3(aq)$). Para isso, adicionou o ácido nítrico a um tubo de ensaio (I) e, em seguida, adicionou raspas de cobre metálico a esse mesmo tubo. Observou que houve liberação de calor e de um gás marrom, e que a solução se tornou azul. A seguir, adicionou raspas de cobre a dois outros tubos (II e III), contendo, respectivamente, soluções aquosas de ácido clorídrico (HCl(aq)) e nitrato de sódio ($NaNO_3(aq)$). Não observou qualquer mudança nos tubos II e III, ao realizar esses testes.
Sabe-se que soluções aquosas de íons Cu^{2+} são azuis e que o gás NO_2 é marrom.

a) Escreva, nos espaços delimitados na página de respostas, as equações que representam a semirreação de oxidação e a semirreação de redução que ocorrem no tubo I.

Semirreação de oxidação	
Semirreação de redução	

b) Qual foi o objetivo da estudante ao realizar os testes com HCl(aq) e $NaNO_3(aq)$? Explique.

Exercícios Série Platina

1. (PUC – SP) Existem dois tipos de bafômetro. O mais antigo, se baseia na reação do vapor de álcool etílico (etanol) contido no ar expirado pelo indivíduo com uma fase sólida embebida em solução de dicromato de potássio ($K_2Cr_2O_7$) em ácido sulfúrico (H_2SO_4). O teor de álcool é determinado a partir de uma escala de variação de cores que vai do laranja ao verde. A reação que ocorre pode ser equacionada por:

$$\underset{\text{laranja}}{Cr_2O_7^{2-}(aq)} + C_2H_6O(g) \longrightarrow \underset{\text{verde}}{Cr^{3+}(aq)} + C_2H_4O(g)$$

em meio ácido

O bafômetro mais moderno determina a concentração de etanol no sangue a partir da quantidade de elétrons envolvida na transformação do etanol em acetaldeído (etanal).

a) Completar e balancear a equação através do método do íon-elétron.

b) Na reação do dicromato de potássio e do etanol identifique o agente redutor e o agente oxidante.

c) Quantos elétrons são envolvidos por molécula de acetaldeído formada? Justifique.

d) Escreva a reação completa e balanceada de oxirredução caso a reação ocorresse em meio básico.

2. (ITA – SP – adaptada) A seguinte reação não balanceada e incompleta ocorre em meio ácido:

$$(Cr_2O_7)^{-2} + (C_2O_4)^{-2} \longrightarrow Cr^{3+} + CO_2$$

a) Através do método íon-eletron, escreva a semirreação de oxidação balanceada.

b) Através do método íon-eletron, escreva a semirreação de redução balanceada.

c) Escreva a reação completa de oxirredução e dê a soma dos coeficientes estequiométricos (inteiros mínimos) desta reação.

3. (IME – RJ – adaptada) Dada a equação química em meio ácido, não balanceada:

$$P_4 + NO_3^- \longrightarrow NO + PO_4^{3-}$$

a) Acerte os coeficientes estequiométricos pelo método do íon-elétron.

b) A reação de 124 g de P_4 com uma solução de ácido nítrico gera 50 g de NO. Sabendo que o rendimento é 100%, determine o grau de pureza do fósforo.

Dados: P = 31, N = 14, O = 16.

Capítulo 2

Células Voltaicas

1. Conceito de célula voltaica

É uma reação de oxidorredução espontânea que produz corrente elétrica. Exemplo:

$$\overset{0}{Zn} + \overset{2+}{Cu}SO_4 \longrightarrow \overset{2+}{Zn}SO_4 + \overset{0}{Cu}$$

($2e^-$ transferidos do Zn para o Cu^{2+}; Zn → $ZnSO_4$: oxidação; $CuSO_4$ → Cu: redução)

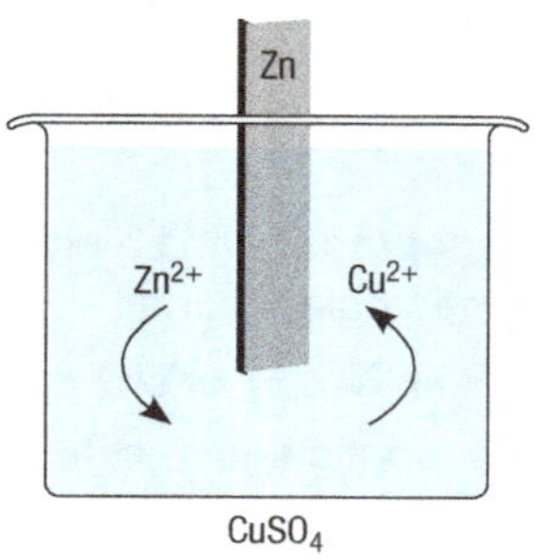

Esta reação não pode ser considerada uma célula, pois temos uma transferência de elétrons sem produzir corrente elétrica. Pilha é o nome popular de uma célula voltaica

2. Montagem de uma célula voltaica

Para produzir corrente elétrica, o agente redutor (Zn) deve estar separado do agente oxidante (Cu^{2+}). Na prática esta separação é feita através da meia-célula. A meia-célula é do tipo metal-íon metálico, que consiste em um metal (eletrodo) em contato com seus íons presentes na solução.

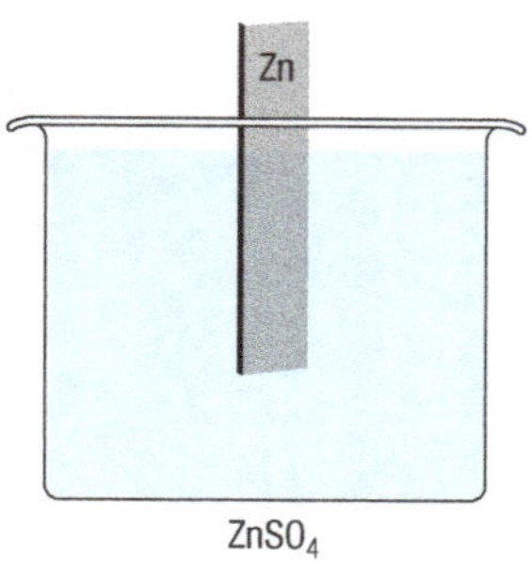

Meia-célula do zinco: lâmina de zinco (eletrodo) mergulhada em uma solução aquosa de cátion zinco.

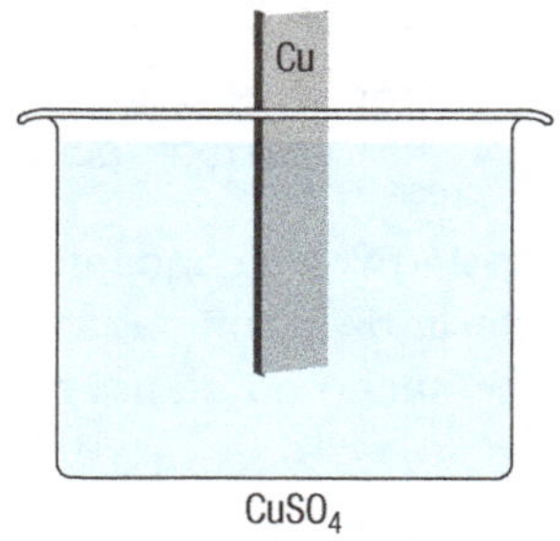

Meia-célula de cobre: lâmina de cobre (eletrodo) mergulhada em uma solução aquosa de cátion cobre.

A célula voltaica estará pronta quando unirmos as duas células através de um fio elétrico, ponte salina ou parede porosa.

A pilha formada entre o eletrodo de zinco e o de cobre é chamada de pilha de Daniell.

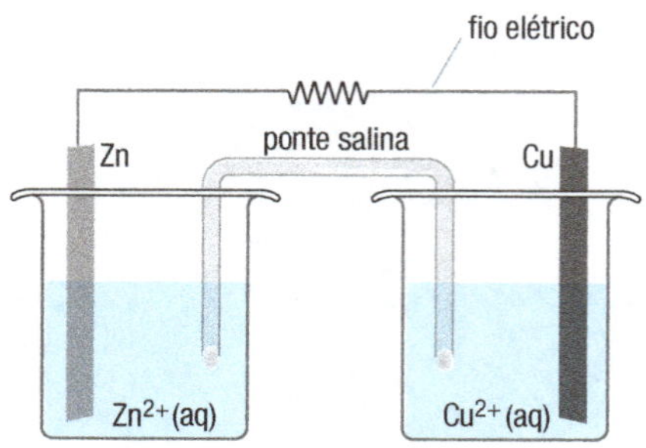

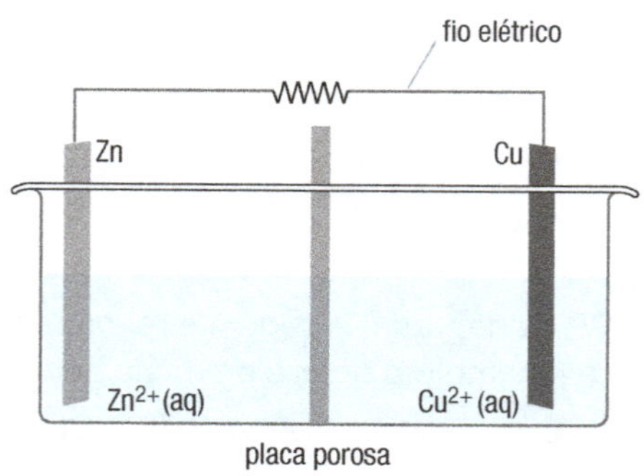

Ponte salina é um tubo recurvado em U contendo uma solução saturada de um sal (KCl, KNO_3, K_2SO_4), tendo nas duas extremidades um pouco de algodão para evitar o escoamento da solução. Esta montagem vai gerar corrente elétrica.

3. Fila de reatividade dos metais e geração de corrente elétrica em uma pilha

Lembrando:

alcalinos > alcalinos-terrosos > Al > Mn > Zn > Cr > Fe > Ni > Sn > Pb > (H) > Bi > Cu > Hg > Pt > Au
1 2

reatividade diminui ⟶

Essa fila mostra que o poder de oxidação (doar elétrons) dos metais vai diminuindo à medida que a reatividade diminui.

Verifica-se experimentalmente que, em uma pilha, o metal mais reativo sofre oxidação e o cátion do metal menos reativo sofre redução.

Pilha de Daniell: Zn sofre oxidação
Cu^{2+} sofre redução

$$Zn + Cu^{2+} \longrightarrow Zn^{2+} + Cu$$

Concluímos que o fluxo de elétrons na pilha de Daniell vai do eletrodo de zinco (mais reativo) para o eletrodo de cobre (menos reativo).

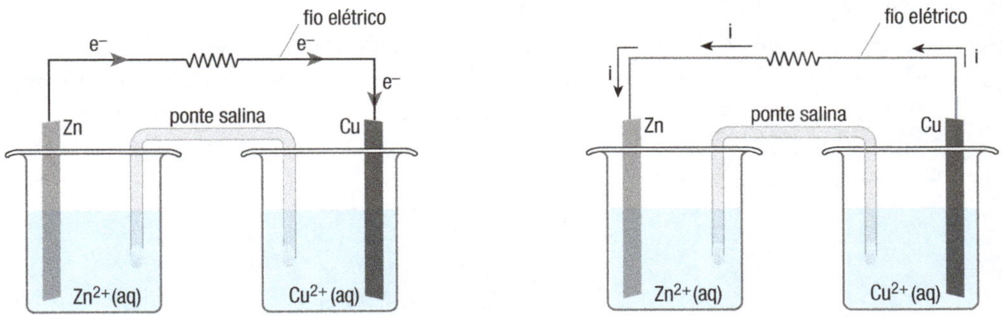

$$\text{eletrodo mais reativo} \xrightarrow{e^-} \text{eletrodo menos reativo}$$

O sentido da corrente elétrica (i) é o contrário do fluxo de elétrons.

4. Equação global da pilha

É a soma das duas semirreações que ocorrem na pilha.

No eletrodo de zinco temos uma oxidação

$$\underset{\text{lâmina}}{Zn} \longrightarrow \underset{\text{solução}}{Zn^{2+}} + \underset{\text{para o fio}}{2e^-}$$

A lâmina de zinco sofreu corrosão. A solução ficou mais concentrada: $[Zn^{2+}]$ aumenta.

No eletrodo de cobre temos uma redução

$$\underset{\text{solução}}{Cu^{2+}} + \underset{\text{lâmina}}{2e^-} \longrightarrow \underset{\text{deposição na lâmina}}{Cu}$$

A lâmina de cobre aumenta de massa. A solução ficou mais diluída: $[Cu^{2+}]$ diminui.

Portanto, temos:

$$
\begin{array}{l}
Zn \longrightarrow Zn^{2+} + 2e^- \\
Cu^{2+} + 2e^- \longrightarrow Cu \\
\hline
Zn + Cu^{2+} \longrightarrow Zn^{2+} + Cu
\end{array}
$$

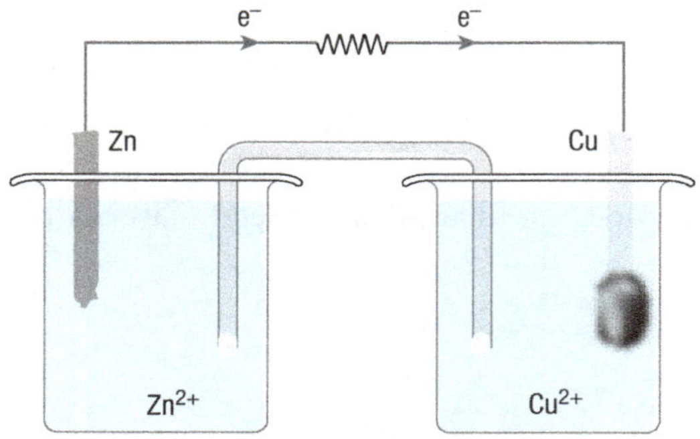

5. Função da ponte salina

Sem a ponte salina não haverá passagem da corrente elétrica, pois o excesso de cátions Zn^{2+} atrai os elétrons da lâmina de Zn, impedindo a sua saída para o fio.

No frasco do $CuSO_4$, o excesso de íons SO_4^{2-} iria repelir os elétrons do fio vindo da lâmina de Zn.

A função da ponte salina é manter o equilíbrio de carga nas duas soluções (mantê-las eletricamente neutras).

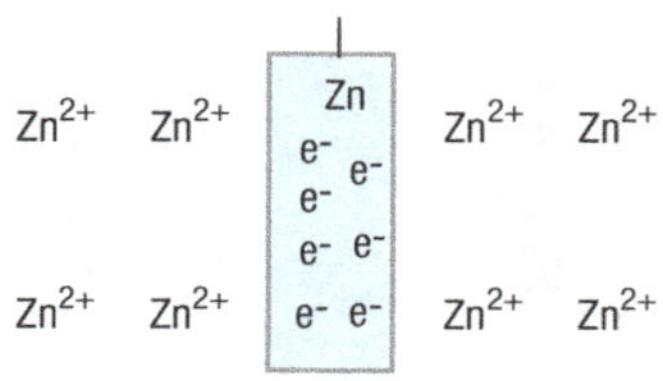

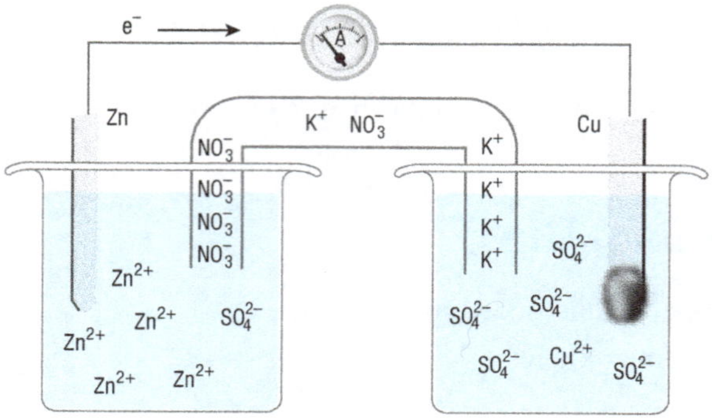

Os cátions Zn^{2+} formados são neutralizados pelos íons NO_3^- vindos da ponte salina. Os íons SO_4^{2-} em excesso são neutralizados pelos íons K^+ vindos da ponte salina.

Conclusão: na ponte salina temos a formação de uma corrente iônica. Os íons K^+ se dirigem ao eletrodo de Cu e os íons NO_3^- se dirigem ao eletrodo de Zn.

6. Convenções na célula voltaica

Para todas as células, valem as convenções a seguir.

- **Polo negativo:** eletrodo que perde elétrons (eletrodo do metal mais reativo);
- **Polo positivo:** eletrodo que recebe elétrons (eletrodo do metal menos reativo);
- **Ânodo:** local da pilha em que ocorre oxidação.
- **Cátodo:** local da pilha em que ocorre redução.

Pilha de Daniell
- Polo negativo: Zn (ânodo)
- Polo positivo: Cu (cátodo)

Observação:

Notação IUPAC

$Zn(s) \mid Zn^{2+}(aq) \parallel Cu^{2+}(aq) \mid Cu(s)$

oxidação | redução

ânodo | cátodo

↓

ponte salina

Observação:

Usando a parede porosa (PP)

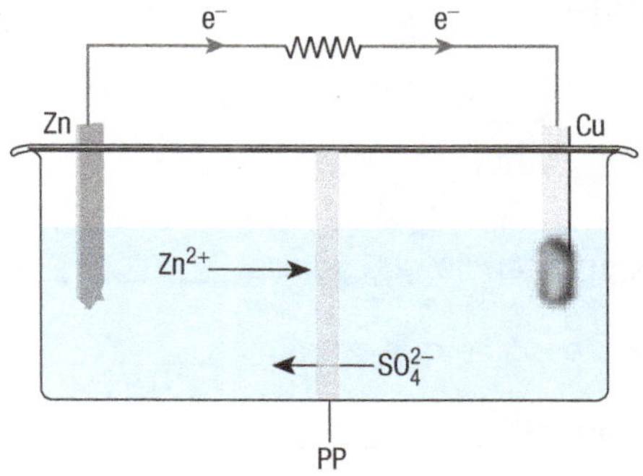

Os cátions Zn^{2+} atravessam a parede porosa indo para o cátodo. Os ânions SO_4^{2-} atravessam a parede porosa indo para o ânodo. Essa passagem de íons (corrente iônica) pela parede porosa mantém as soluções eletricamente neutras.

Leitura Complementar

Volta, a pilha voltaica (elétrica) e a primeira experiência eletroquímica

Em 20 de março de 1800, o físico italiano Alessandro Giuseppe Volta (1745-1827) enviou, de sua cidade natal uma carta para o naturalista inglês Sir Joseph Banks (1746-1820), presidente da *Royal Society of London*, na qual descrevia suas experiências sobre a invenção da *pilha voltaica* (conforme a denominou), conhecida também como *coluna de Volta* e, posteriormente, pilha (bateria) elétrica. Nessas experiências, idealizou uma série de recipientes contendo salmoura, nos quais mergulhou placas de zinco (Zn) e de prata (Ag) e, ao ligá-las por intermédio de arcos metálicos, conseguiu produzir uma corrente elétrica contínua. No entanto, a primeira experiência eletroquímica usando esse dispositivo foi a realizada pelos ingleses, o químico William Nicholson (1753-1815) e o fisiologista Anthony Carlisle (1768-1840). Vejamos como.

Quando Sir Banks recebeu a carta de Volta, falou de seu conteúdo para seu amigo Carlisle e para Nicholson, que editava o *Nicholson's Journal of Natural Philosophy, Chemistry and the Arts*, fundado por ele próprio. Logo no dia 30 de abril de 1800, Nicholson e Carlisle construíram uma pilha elétrica, provavelmente usando as ideias de Volta e, usando a corrente elétrica gerada por esse novo equipamento elétrico, fizeram-na atravessar um recipiente contendo água (H_2O); em consequência, observaram o desprendimento de gases de hidrogênio (H_2) e de oxigênio (O_2). Estava, assim, realizada a primeira experiência eletroquímica. Registra-se que o trabalho de Volta foi publicado nas *Philosophical Transactions da Royal Society*, p. 403 (1800) e o de Nicholson e Carlisle, no *Nicholson's Journal of Natural Philosophy, Chemistry and the Arts* 4, p. 179 (1800) e na *Philosophical Magazine* 7, p. 337. [Ver excertos desses trabalhos em: William Francis Magie, A Source Book in Physics (McGraw-Hill Book Company, Inc. (1935).] É oportuno notar que, em 1801, Volta demonstrou em Paris, para o general francês Napoleão Bonaparte (1769-1821), Imperador da França, o funcionamento de sua pilha elétrica, que inventara em 1800. Em vista disso, Napoleão o fez Conde e Senador do Reino da Lombardia.

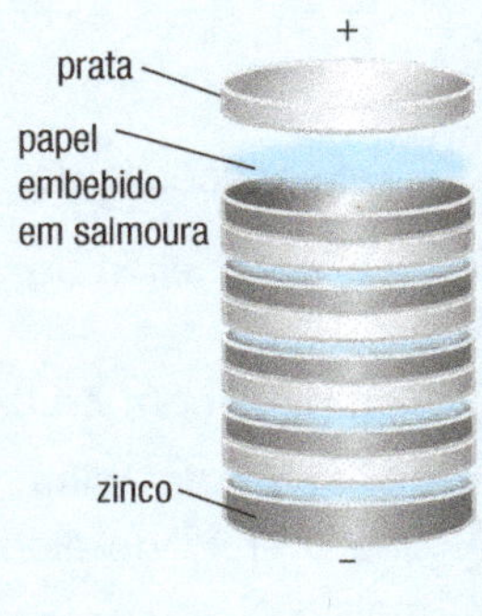

Exercícios Série Prata

1. Complete com **oxidação**, **redução**, **redutor** e **oxidante**.

$$Zn + Cu^{2+} \longrightarrow Zn^{2+} + Cu$$

a) Zn: substância que sofreu ____________

b) Cu^{2+}: espécie que sofreu ____________

c) Zn: agente ____________

d) Cu^{2+}: agente ____________

2. Complete com **oxidação** e **redução**.

alc, alcT, Al, Mn, Zn, Cr, Fe, Ni, Sn, Pb, (H), Bi, Cu, Hg, Pt, Au

reatividade diminui ⟶

Em uma reação de oxidorredução, o metal mais reativo sofre ____________ (Zn) e o cátion do metal menos reativo sofre ____________ (Cu^{2+}).

3. Complete com **Zn** e **Cu**.

Semicélula é um conjunto formado por uma lâmina metálica (eletrodo) mergulhada em uma solução aquosa contendo cátion do metal

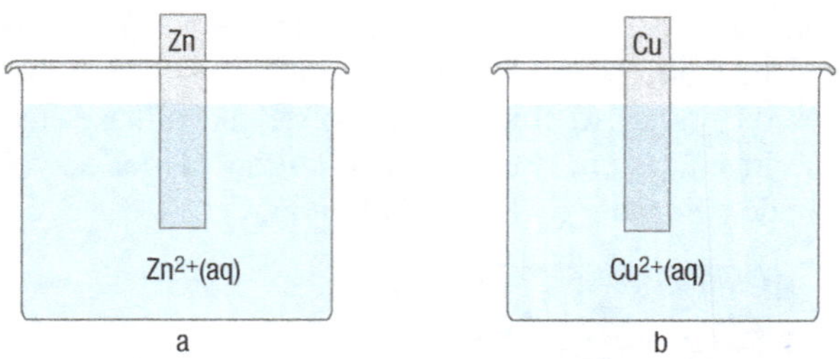

a) semicélula do ____________

b) semicélula do ____________

4. Complete com **Zn** e **Cu**.

Inserindo na pilha um amperímetro confirma-se que o fluxo de elétrons vai do eletrodo do metal mais reativo ____________ para o eletrodo do metal menos reativo ____________ .

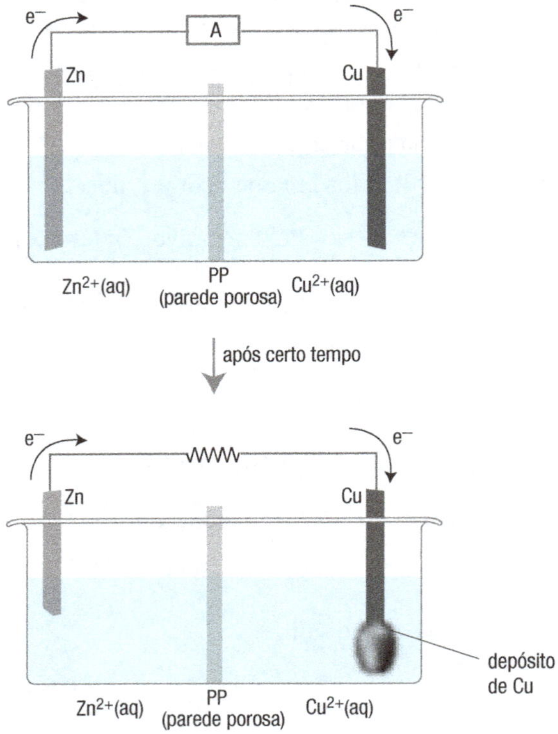

5. Complete com **diminui** ou **aumenta**.

a) semicélula do metal mais reativo: Zn

a massa da lâmina: ____________

a concentração de Zn^{2+}(aq) ____________

semicélula de Zn:

Zn	⟶	Zn^{2+}	+	$2e^-$
lâmina		solução		fio

b) semicélula do metal menos reativo: Cu

a massa da lâmina: ____________

a concentração de Cu^{2+}(aq): ____________

semicélula de Cu^{2+}:

Cu^{2+}(aq)	+	$2e^-$	⟶	Cu(s)
solução		lâmina		depósito

c) escreva a equação global

6. Complete com **ânodo** e **cátodo**, **recebe** ou **emite**.

a) O eletrodo no qual ocorre processo de **oxidação** é denominado ____________ (Zn).

b) O eletrodo no qual ocorre processo de **redução** é denominado ____________ (Cu).

c) O polo positivo é o eletrodo que______________ _______________ elétrons do fio metálico (Cu).

d) O polo negativo é o eletrodo que ____________ _____________________________ elétrons para o fio metálico (Zn).

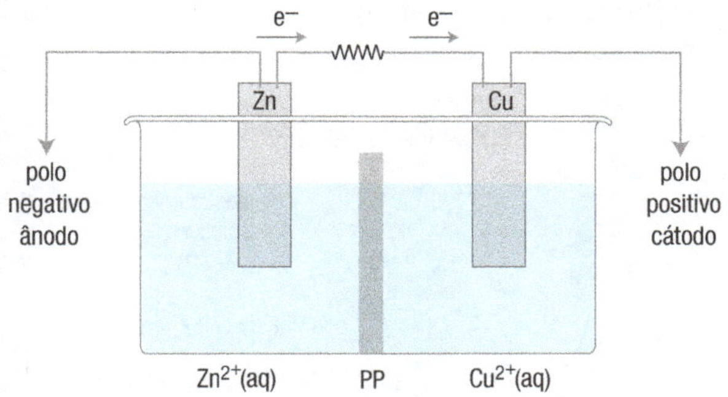

7. Complete com a notação IUPAC.

$A \mid A^{x+} \parallel B^{x+} \mid B$

oxidação redução

Pilha de Daniell _____________________________________.

8. Complete com **elétrons** ou **íons**, **ânions** ou **cátions**.

a) A finalidade da ponte salina é manter as duas semicélulas elétricamente neutras através da migração de __________________________________ (corrente iônica).

b) No ânodo, devido à oxidação, temos um excesso de cargas positivas que são imediatamente neutralizadas pelos __________________ provenientes da ponte salina.

c) No cátodo, devido à redução, temos um excesso de cargas negativas que são imediatamente neutralizadas pelos_________________________ provenientes da ponte salina.

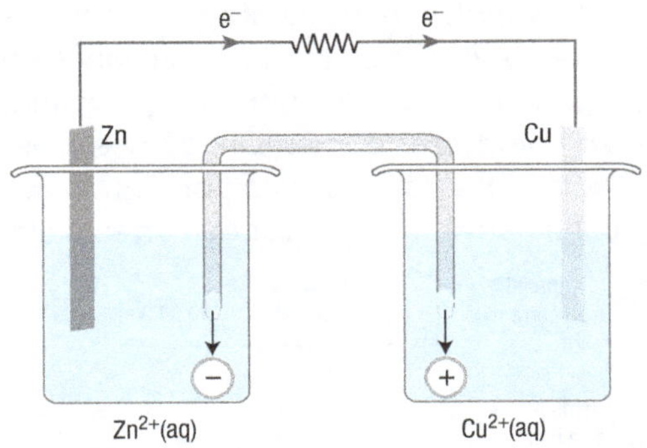

9. Complete com **iônica** e **eletrônica**.

a) O fluxo de elétrons no fio condutor origina a corrente _______________________________________ .

b) O fluxo de íons no interior da pilha origina a corrente _______________________________________ .

Utilizando o esquema da pilha a seguir, responda às questões **10** a **19**.

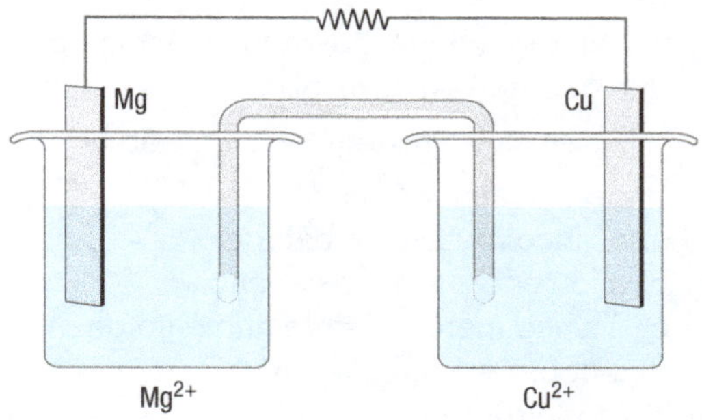

10. Qual metal se oxida?

11. Qual íon se reduz?

12. Qual eletrodo é ânodo?

13. Qual eletrodo é cátodo?

14. Indique o sentido dos elétrons.

15. Indique os polos ⊕ e ⊖.

16. Qual lâmina sofre corrosão?

17. Em qual lâmina ocorre deposição?

18. Escreva as semiequações de oxidação e redução.

19. Escreva a equação global da pilha.

Utilizando a notação IUPAC da pilha a seguir, responda às questões **20** a **29**.

$Co \mid Co^{2+} \parallel Au^{3+} \mid Au$

20. Qual metal se oxida?

21. Qual íon se reduz?

22. Qual eletrodo é ânodo?

23. Qual eletrodo é cátodo?

24. Indique o sentido dos elétrons.

25. Indique os polos ⊕ e ⊖.

26. Qual lâmina sofre corrosão?

27. Em qual lâmina ocorre deposição?

28. Escreva as semiequações de oxidação e redução.

29. Escreva a equação global da pilha.

Exercícios Série Ouro

1. (VUNESP) A equação seguinte indica as reações que ocorrem em uma pilha:

$$Zn(s) + Cu^{2+}(aq) \longrightarrow Zn^{2+}(aq) + Cu(s)$$

Podemos afirmar que:

a) o zinco metálico é cátodo.
b) o íon cobre sofre oxidação.
c) o zinco metálico sofre aumento de massa.
d) o cobre é o agente redutor.
e) os elétrons passam dos átomos de zinco metálico aos íons de cobre.

Resolução:

$2e^-$

$$\underset{0}{Zn(s)} + \underset{+2}{Cu^{2+}(aq)} \longrightarrow \underset{+2}{Zn^{2+}(aq)} + \underset{0}{Cu(s)}$$

redução (cátodo)

oxidação (ânodo)

Zn oxida: é o agente redutor.

Cu^{2+} reduz: é o agente oxidante.

Resposta: alternativa e.

2. (UNESP) Em 1836, o químico John Frederic Daniell desenvolveu uma pilha, utilizando os metais cobre e zinco, para a produção de corrente elétrica. As semirreações envolvidas são dadas por:

oxidação: $Zn\ (metal) \longrightarrow Zn^{2+}\ (aquoso) + 2e^-$

redução: $Cu^{2+}(aquoso) + 2e^- \longrightarrow Cu\ (metal)$

A pilha de Daniell pode ser representada por:

a) $Cu(s) \mid Cu^{2+}(aq) \parallel Zn^{2+}(aq) \mid Zn(s)$
b) $Cu(s) \mid Zn^{2+}(aq) \parallel Cu^{2+}(aq) \mid Zn(s)$
c) $Zn(s) \mid Zn^{2+}(aq) \parallel Cu^{2+}(aq) \mid Cu(s)$
d) $Zn(s) \mid Cu^{2+}(aq) \parallel Zn^{2+}(aq) \mid Cu(s)$
e) $Zn(s) \mid Zn^{2+}(aq) \parallel Cu(aq) \mid Cu^{2+}(s)$

3. (ACAFE – SC) Considere a pilha de Daniell, em que os eletrodos são de cobre e zinco. O zinco é mais eletropositivo que o cobre, logo, é o zinco que doa elétrons para o cobre. Em relação às considerações acima, é **correto** afirmar que, após certo tempo:

a) a solução de sulfato de zinco fica mais diluída.
b) a massa de cobre diminui.
c) a massa de zinco aumenta.
d) a solução de sulfato de cobre fica mais concentrada.
e) a massa de cobre aumenta.

4. (CEETEP – SP) No sistema ilustrado na figura a seguir, ocorre a interação de zinco metálico com solução de sulfato de cobre havendo passagem de elétrons do zinco para os íons Cu^{2+} por meio de fio metálico.

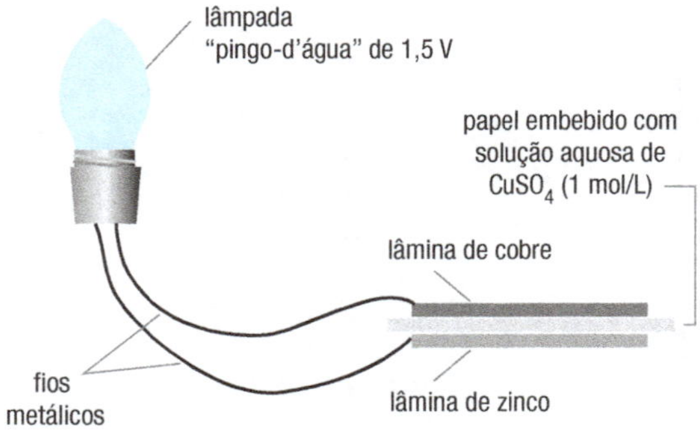

Assim, enquanto a pilha está funcionando, é correto afirmar que:

a) a lâmina de zinco vai se tornando mais espessa.
b) a lâmina de cobre vai se desgastando.
c) a reação catódica (polo positivo) é representada por:
$$Cu(s) \longrightarrow Cu^{2+}(aq) + 2e$$
d) a reação catódica (polo negativo) é representada por:
$$Zn^{2+}(aq) + 2e \longrightarrow Zn(s)$$
e) a reação da pilha é representada por:
$$Zn(s) + Cu^{2+}(aq) \longrightarrow Zn^{2+}(aq) + Cu(s)$$

5. (UFMG) Na figura, está representada a montagem de uma pilha eletroquímica, que contém duas lâminas metálicas – uma de zinco e uma de cobre – mergulhadas em soluções de seus respectivos sulfatos. A montagem inclui um longo chumaço de algodão, embebido numa solução saturada de cloreto de potássio, mergulhado nos dois béqueres. As lâminas estão unidas por fios de cobre que se conectam a um medidor de corrente elétrica.

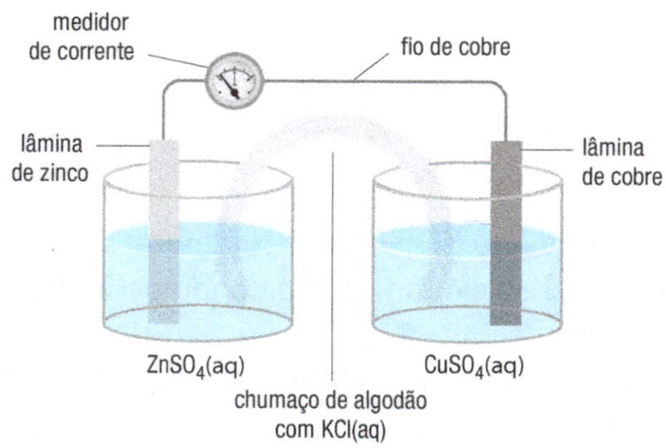

Quando a pilha está em funcionamento, o medidor indica a passagem de uma corrente e pode-se observar que

- a lâmina de zinco metálico sofre desgaste;
- a cor da solução de sulfato de cobre (II) se torna mais clara;
- um depósito de cobre metálico se forma sobre a lâmina de cobre.

Considerando-se essas informações, é correto afirmar que, quando a pilha está em funcionamento,

a) nos fios, elétrons se movem da direita para a esquerda; e, no algodão, cátions K^+ se movem da direita para a esquerda e ânions Cl^-, da esquerda para a direita.
b) nos fios, elétrons se movem da direita para a esquerda; e, no algodão, elétrons se movem da esquerda par a direita.
c) nos fios, elétrons se movem da esquerda para a direita; e, no, algodão, cátions K^+ se movem da esquerda para a direita e ânions Cl^-, da direita para a esquerda.
d) nos fios, elétrons se movem da esquerda para a direita; e, no algodão, elétrons se movem da direita para a esquerda.

6. (PUC – RJ) Uma cela galvânica consiste de um dispositivo no qual ocorre a geração espontânea de corrente elétrica a partir de uma reação de oxirredução. Considere a pilha formada por duas meias-pilhas constituídas de alumínio em solução aquosa de seus íons e chumbo em solução aquosa de seus íons:

$$Al \longrightarrow Al^{3+} + 3e^-$$

$$Pb^{2+} + 2e^- \longrightarrow Pb$$

Sobre essa pilha, é correto afirmar que:

a) a equação global desta pilha é
$$2\,Al^{3+}(aq) + 3\,Pb(s) \longrightarrow 2\,Al(s) + 3\,Pb^{2+}(aq)$$
b) o metal alumínio atua como agente oxidante.
c) a espécie $Pb^{2+}(aq)$ atua como agente redutor.
d) o eletrodo de chumbo corresponde ao cátodo.
e) na semirreação de redução balanceada, a espécie $Pb^{2+}(aq)$ recebe um elétron.

7. (MACKENZIE – SP) Relativamente à pilha a seguir, começando a funcionar, fazem-se as afirmações:

I. A reação global da pilha é dada pela equação:
$$Cu + 2\,Ag^+ \longrightarrow Cu^{2+} + 2\,Ag$$
II. O eletrodo de prata é polo positivo.
III. No ânodo, ocorre a oxidação do cobre.
IV. A concentração de íons de Ag^+ na solução irá diminuir.
V. A massa da barra de cobre irá diminuir.

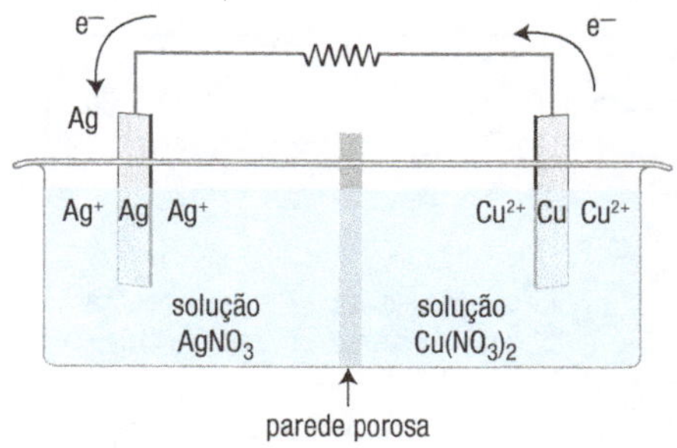

São corretas:

a) III, IV e V somente.
b) I, III e V somente.
c) II e IV somente.
d) I, IV e V somente.
e) I, II, III, IV e V.

8. (UNIFESP) Ferro metálico reage espontaneamente com íons Pb^{2+}, em solução aquosa.

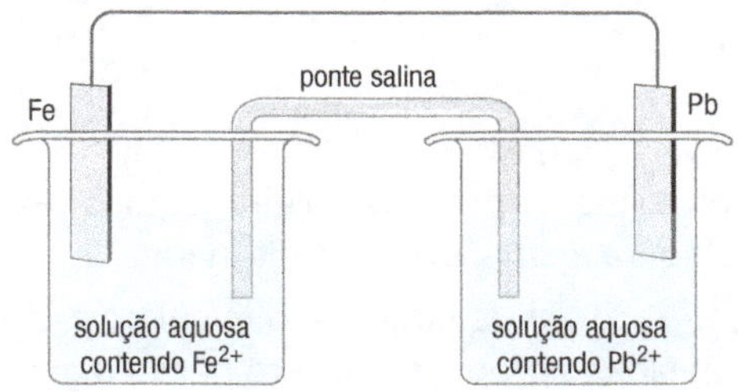

Esta reação pode ser representada por:

$$Fe + Pb^{2+} \longrightarrow Fe^{2+} + Pb$$

Na pilha, representada pela figura, em que ocorre aquela reação global,

a) cátions devem migrar para o eletrodo de ferro.
b) ocorre deposição de chumbo metálico sobre o eletrodo de ferro.
c) ocorre a diminuição da massa de eletrodo de ferro.
d) os elétrons migram da ponte salina de ferro para o chumbo.
e) o eletrodo de chumbo atua como ânodo.

9. (FUVEST – SP) Deixando funcionar a pilha esquematizada na figura, a barra de zinco vai se desgastando e a de chumbo fica mais espessa, em consequência da deposição de átomos neutros de Pb.

No início do experimento, as duas barras apresentavam as mesmas dimensões. Represente, através de equações, o desgaste da barra de zinco e o espessamento da barra de chumbo e indique o sentido do fluxo de elétrons no fio metálico.

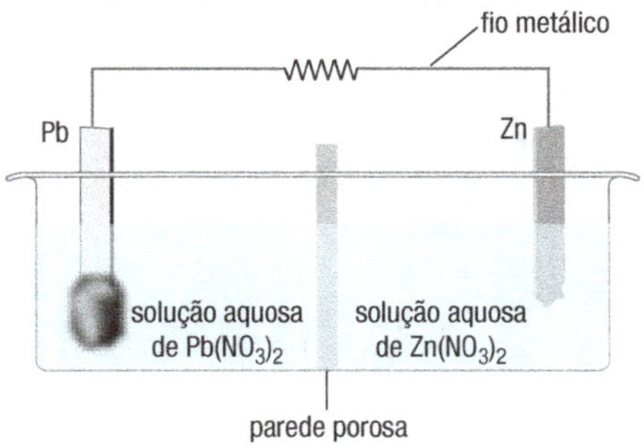

10. (UFBA)

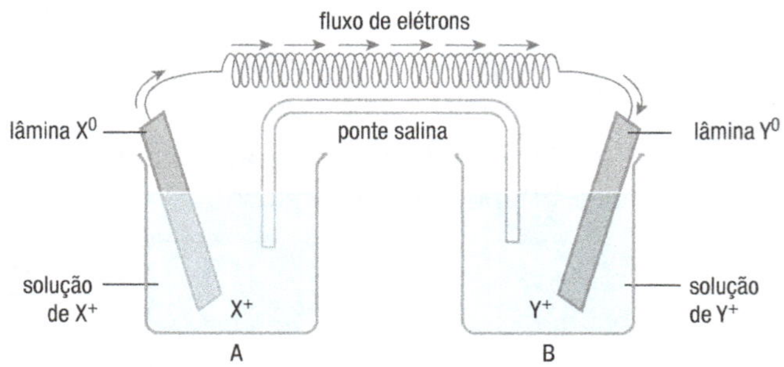

Com base no processo eletroquímico representado na figura acima, pode-se afirmar:

(01) A massa da lâmina X diminui com o tempo.

(02) Nesse processo ocorre perda e ganho de elétrons.

(04) O ânodo da pilha é: X^0/X^+.

(08) A reação global da pilha é

$$X^0(s) + Y^+(aq) \longrightarrow X^+(aq) + Y^0(s)$$

(16) X^0 é oxidante.

(32) Durante o processo eletroquímico, a concentração das soluções, em A e em B, permanece inalterada.

(64) A função da ponte é permitir a migração de íons de uma solução para outra.

Dê como resposta a soma dos números associados às afirmações corretas.

11. (VUNESP) A reação entre o crômio metálico e íons ferro (II) em água, produzindo íons crômio (III) e ferro metálico, pode ser utilizada para se montar uma pilha eletroquímica.

a) Escreva as semirreações que ocorrem na pilha, indicando a semirreação de oxidação e a semirreação de redução.

b) Escreva a equação química global correspondente à pilha em funcionamento.

12. (FUVEST – SP) Considere três metais A, B e C, dos quais apenas A reage com ácido clorídrico diluído, liberando hidrogênio. Varetas de A, B e C foram espetadas em uma laranja, cujo suco é uma solução aquosa de pH = 4.

A e B foram ligados externamente por um resistor (formação de pilha 1). Após alguns instantes, removeu-se o resistor, que foi então utilizado para ligar A e C (formação da pilha 2). Nesse experimento, o polo positivo e o metal corroído na pilha 1 e o polo positivo e o metal corroído na pilha 2 são, respectivamente,

	Pilha 1		**Pilha 2**	
	Polo positivo	**Metal corroído**	**Polo positivo**	**Metal corroído**
a)	B	A	A	C
b)	B	A	C	A
c)	B	B	C	C
d)	A	A	C	A
e)	A	B	A	C

13. (UFRJ) As manchas escuras que se formam sobre objetos de prata são, geralmente, películas de sulfeto de prata (Ag_2S) formadas na reação da prata com compostos que contêm enxofre e que são encontrados em certos alimentos e no ar. Para limpar a prata coloca-se o objeto escurecido para ferver em uma panela de alumínio com água e detergente. O detergente retira a gordura da mancha e do alumínio da panela, facilitando a reação do alumínio da panela com o sulfeto de prata, regenerando a prata, com o seu brilho característico.

a) Escreva a equação da reação de "limpeza" da prata referida no texto.

b) Com base no processo de "limpeza" da prata descrito podemos construir uma pilha de alumínio e prata, de acordo com o esquema a seguir:

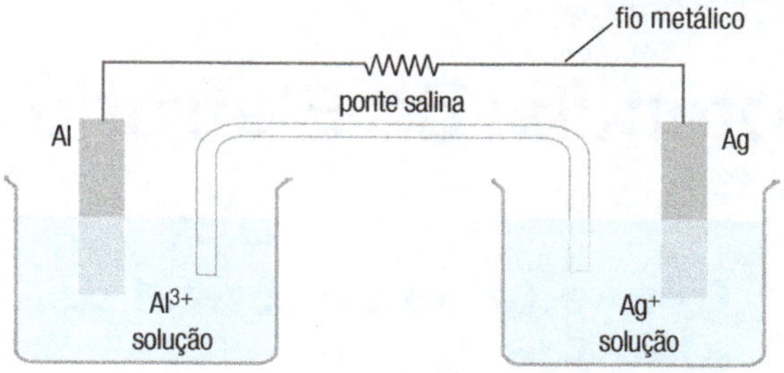

Escreva a semirreação que ocorre no cátodo.

Capítulo 3

Potencial de Eletrodo e suas Aplicações

1. Conceito de potencial de eletrodo (E)

Para medir ddp (diferença de potencial) ou voltagem ou fem (força eletromotriz) da pilha devemos usar um voltímetro entre os dois eletrodos.

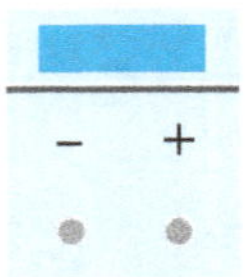

Para medir a ddp inicial da pilha deve haver pouca passagem de corrente elétrica, portanto, a resistência interna do voltímetro deve ser elevada.

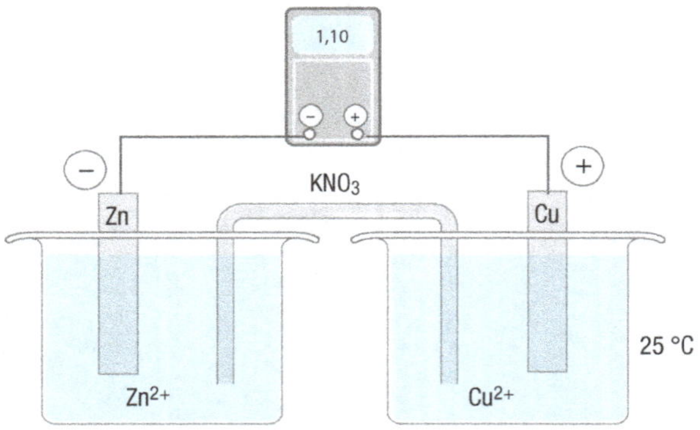

O valor 1,10 V demonstra que cada semicélula tem um potencial elétrico chamado potencial de eletrodo (E), isto é, a diferença desses potenciais resultou 1,10 V.

Concluímos que

- a diferença de potencial elétrico é de 1,10 V;
- o potencial do eletrodo de cobre (polo positivo) é maior que o do eletrodo de zinco (polo negativo).

A diferença de potencial elétrico entre os eletrodos de uma pilha, medida com voltímetro numa situação em que a pilha esteja fornecendo pouca corrente elétrica para um circuito, é representada por ΔE.

Se essa diferença de potencial for medida nas condições-padrão, isto é, concentração dos íons igual a 1 mol/L e temperatura de 25 °C, ela é denominada diferença de potencial-padrão e é representada por ΔE^0.

Pilha de Daniell $\Delta E^0 = 1,10$ V.

2. Medida do potencial de eletrodo-padrão (E^0)

A escolha de um eletrodo como referencial (o eletrodo-padrão de hidrogênio) permite calcular o potencial de eletrodo de uma semicélula.

O valor de E^0 para o eletrodo-padrão de hidrogênio foi convencionado como sendo 0 V (zero volt), quer ele atue como ânodo, quer como cátodo.

O eletrodo-padrão de hidrogênio (EPH):

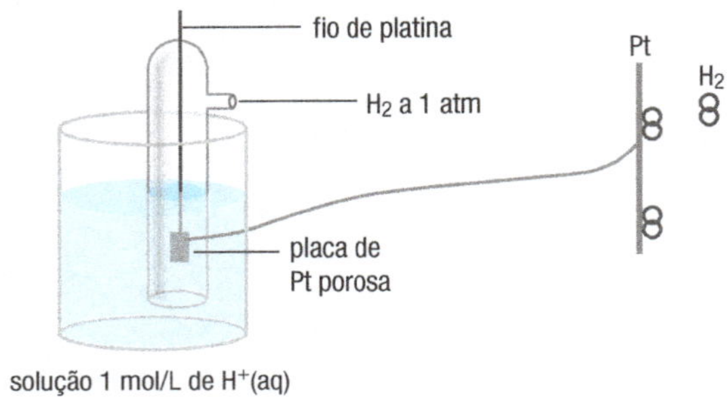

Evidências mostraram aos cientistas que a platina negra tem a propriedade de adsorver o gás hidrogênio, ou seja, de reter em sua superfície as moléculas desse gás.

Como a quantidade de elétrons (nuvens de elétrons) é grande na platina, o hidrogênio irá emparelhar os seus elétrons mais facilmente com a platina do que o próprio hidrogênio; como consequência, enfraquece a ligação covalente entre os átomos de hidrogênio.

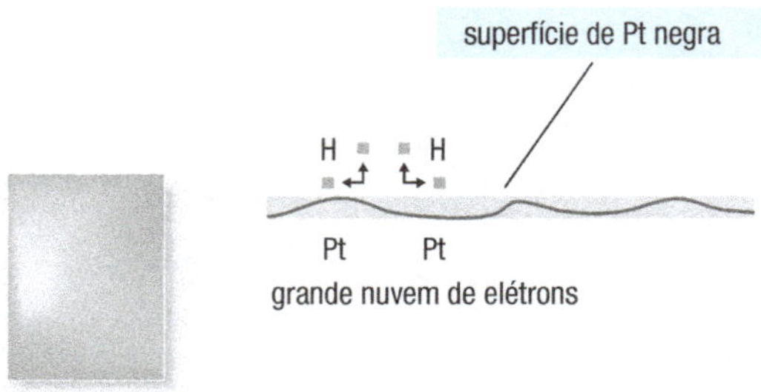

cátodo: $2\ H^+ + 2e^- \longrightarrow H_2$ $\qquad E^0 = 0$ V

ânodo: $H_2 \longrightarrow 2\ H^+ + 2e^-$ $\qquad E^0 = 0$ V

3. Cálculo da ddp ou voltagem inicial de uma pilha

Podemos utilizar as seguintes equações:

$$\Delta E^0 = E^0_{oxidante} - E^0_{redutor}$$

(equação geral que vale para qualquer reação de oxidorredução)

$$\Delta E^0 = E^0_{maior} - E^0_{menor}$$

(somente nas pilhas)

4. Determinação do potencial de eletrodo do zinco (E^0_{Zn})

O E^0_{Zn} será igual à ddp formada entre o eletrodo de Zn e do H_2. Observe o esquema da pilha:

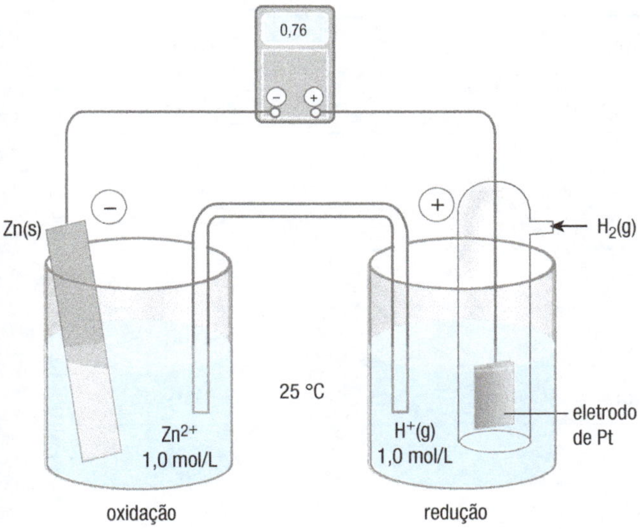

Observe que o potencial de eletrodo de hidrogênio é maior do que o do zinco, pois o primeiro é o polo positivo.

$$\Delta E^0 = \underset{H_2}{E^0_{maior}} - \underset{Zn}{E^0_{menor}}$$

$$0{,}76\ V = 0 - E^0_{Zn}$$

$$E^0_{Zn} = -0{,}76\ V$$

5. Determinação do potencial de eletrodo do cobre (E^0_{Cu})

O E^0_{Cu} será igual à ddp da pilha entre o eletrodo do cobre e hidrogênio.

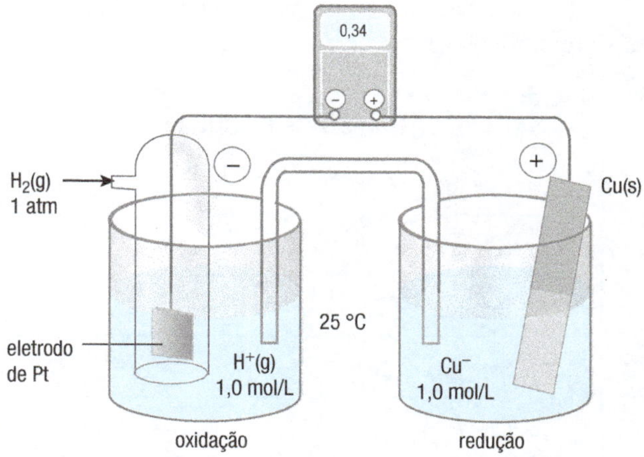

Observe que o potencial de eletrodo do cobre é maior do que o do hidrogênio, pois o primeiro é o polo positivo.

$$\Delta E^0 = \underset{Cu}{E^0_{maior}} - \underset{H_2}{E^0_{menor}}$$

$$0{,}34\ V = E^0_{Cu} - 0$$

$$E^0_{Cu} = 0{,}34\ V$$

O potencial padrão de eletrodo pode ser calculado teoricamente utilizando uma grandeza chamada de energia livre, principalmente para metais que reagem com a água.

6. Tabela de potencial-padrão de eletrodo

Verifica-se experimentalmente que quanto maior o E^0 maior a tendência da semicélula sofrer redução. Por isso essa grandeza também é chamada de **potencial-padrão de redução** e simbolizada por E^0_{red}.

Na pilha de Daniell

manter $Cu^{2+} + 2e^- \rightleftharpoons Cu$

$E^0 = +0{,}34\ V$ (maior E^0, sofre redução)

inverter $Zn^{2+} + 2e^- \rightleftharpoons Zn$

$E^0 = -0{,}76\ V$ (menor E^0, sofre oxidação)

concluímos que:

$$Cu^{2+} + 2e^- \longrightarrow Cu \qquad +0{,}34\ V$$
$$Zn \longrightarrow Zn^{2+} + 2e^- \qquad +0{,}76\ V$$

$$Zn + Cu^{2+} \longrightarrow Zn^{2+} + Cu + 1{,}10\ V$$

Observação: antigamente também se usava o potencial de oxidação (E^0_{oxi})

$$Zn \longrightarrow Zn^{2+} + 2e^- \qquad E^0 = +0{,}76\ V$$

Contudo, a IUPAC recomenda escrever a semiequação de redução junto com o valor do potencial.

O potencial-padrão de redução é medido a 25 °C, concentração 1 mol/L para as espécies dissolvidas e pressão de 1 atm para os gases.

Aumento do poder oxidante ↓ | Aumento do poder redutor ↑

Reação de Redução		E^0_{red} **(V)**
$Li^+(aq) + e^-$	$\longrightarrow Li(s)$	−3,05
$K^+(aq) + e^-$	$\longrightarrow K(s)$	−2,93
$Ba^{2+}(aq) + 2e^-$	$\longrightarrow Ba(s)$	−2,90
$Sr^{2+}(aq) + 2e^-$	$\longrightarrow Sr(s)$	−2,89
$Ca^{2+}(aq) + 2e^-$	$\longrightarrow Ca(s)$	−2,87
$Na^+(aq) + e^-$	$\longrightarrow Na(s)$	−2,71
$Mg^{2+}(aq) + 2e^-$	$\longrightarrow Mg(s)$	−2,37
$Be^{2+}(aq) + 2e^-$	$\longrightarrow Be(s)$	−1,85
$Al^{3+}(aq) + 3e^-$	$\longrightarrow Al(s)$	−1,66
$Mn^{2+}(aq) + 2e^-$	$\longrightarrow Mn(s)$	−1,18
$2\ H_2O + 2e^-$	$\longrightarrow H_2(g) + 2\ OH^-(aq)$	−0,83
$Zn^{2+}(aq) + 2e^-$	$\longrightarrow Zn(s)$	−0,76
$Cr^{3+}(aq) + 3e^-$	$\longrightarrow Cr(s)$	−0,74
$Fe^{2+}(aq) + 2e^-$	$\longrightarrow Fe(s)$	−0,44
$Cd^{2+}(aq) + 2e^-$	$\longrightarrow Cd(s)$	−0,40
$PbSO_4(s) + 2e^-$	$\longrightarrow Pb(s) + SO_4^{2-}(aq)$	−0,31
$Co^{2+}(aq) + 2e^-$	$\longrightarrow Co(s)$	−0,28
$Ni^{2+}(aq) + 2e^-$	$\longrightarrow Ni(s)$	−0,25
$Sn^{2+}(aq) + 2e^-$	$\longrightarrow Sn(s)$	−0,14
$Pb^{2+}(aq) + 2e^-$	$\longrightarrow Pb(s)$	−0,13
$2\ H^+(aq) + 2e^-$	$\longrightarrow H_2(g)$	0,00
$Sn^{4+}(aq) + 2e^-$	$\longrightarrow Sn^{2+}(aq)$	+0,13
$Cu^{2+}(aq) + e^-$	$\longrightarrow Cu^+(aq)$	+0,15
$SO_4^{2-}(aq) + 4\ H^+(aq) + 2e^-$	$\longrightarrow SO_2(g) + 2\ H_2O$	+0,20
$AgCl(s) + e^-$	$\longrightarrow Ag(s) + Cl^-(aq)$	+0,22
$Cu^{2+}(aq) + 2e^-$	$\longrightarrow Cu(s)$	+0,34
$O_2(g) + 2\ H_2O + 4e^-$	$\longrightarrow 4\ OH^-(aq)$	+0,40
$I_2(s) + 2e^-$	$\longrightarrow 2\ I^-(aq)$	+0,53

Reação de Redução		E^0_{red} (V)
$MnO_4^-(aq) + 2\,H_2O + 3e^-$	$\longrightarrow MnO_2(s) + 4\,OH^-(aq)$	+0,59
$O_2(g) + 2\,H^+(aq) + 2e^-$	$\longrightarrow H_2O_2(aq)$	+0,68
$Fe^{3+}(aq) + e^-$	$\longrightarrow Fe^{2+}(aq)$	+0,77
$Ag^+(aq) + e^-$	$\longrightarrow Ag(s)$	+0,80
$Hg_2^{2+}(aq) + 2e^-$	$\longrightarrow 2\,Hg(l)$	+0,85
$2\,Hg^{2+}(aq) + 2e^-$	$\longrightarrow Hg_2^{2+}(aq)$	+0,92
$NO_3^-(aq) + 4\,H^+(aq) + 3e^-$	$\longrightarrow NO(g) + 2\,H_2O$	+0,96
$Br_2(l) + 2e^-$	$\longrightarrow 2\,Br^-(aq)$	+1,07
$O_2(g) + 4\,H^+(aq) + 4e^-$	$\longrightarrow 2\,H_2O$	+1,23
$MnO_2(s) + 4\,H^+(aq) + 2e^-$	$\longrightarrow Mn^{2+}(aq) + 2\,H_2O$	+1,23
$Cr_2O_7^{2-}(aq) + 14\,H^+(aq) + 6e^-$	$\longrightarrow 2\,Cr^{3+}(aq) + 7\,H_2O$	+1,33
$Cl_2(g) + 2e^-$	$\longrightarrow 2\,Cl^-(aq)$	+1,36
$Au^{3+}(aq) + 3e^-$	$\longrightarrow Au(s)$	+1,50
$MnO_4^-(aq) + 8\,H^+(aq) + 5e^-$	$\longrightarrow Mn^{2+}(aq) + 4\,H_2O$	+1,51
$Ce^{4+}(aq) + e^-$	$\longrightarrow Ce^{3+}(aq)$	+1,61
$PbO_2(s) + 4\,H^+(aq) + SO_4^{2-}(aq) + 2e^-$	$\longrightarrow PbSO_4(s) + 2\,H_2O$	+1,70
$H_2O_2(aq) + 2\,H^+(aq) + 2e^-$	$\longrightarrow 2\,H_2O$	+1,77
$CO^{3+}(aq) + e^-$	$\longrightarrow Co^{2+}(aq)$	+1,82
$O_3(g) + 2\,H^+(aq) + 2e^-$	$\longrightarrow O_2(g) + H_2O(l)$	+2,07
$F_2(g) + 2e^-$	$\longrightarrow 2\,F^-(aq)$	+2,87

Aumento do poder oxidante (↓)

Aumento do poder redutor (↑)

Baseado em: KOTZ, J.; TREICHEL Jr., P. M. **Química Geral e Reações Químicas**. v. 2.

7. Fatores que alteram a ddp de uma pilha

A ddp de um pilha (ΔE^0) depende da **concentração dos íons, da temperatura e da pressão dos gases envolvidos**.

Por esse motivo utilizamos as condições-padrão, fixando a concentração dos íons (1 mol/L), a temperatura (25 °C) e a pressão (1 atm).

Observação: a energia elétrica depende da quantidade dos reagentes; portanto, quanto maior a quantidade dos reagentes, maior a energia elétrica.

1,5 V
menor
energia
elétrica

pilha 1

1,5 V
maior
energia
elétrica

pilha 2

8. Influência da concentração no potencial de redução

O potencial de redução depende da concentração do íon presente na solução, devido ao deslocamento de equilíbrio que ocorre na semirreação

$$\text{íon} + \text{elétron} \rightleftarrows \text{espécie química}$$

Se a concentração do íon aumentar, o equilíbrio será deslocado para a direita, favorecendo a redução; portanto, o potencial de redução vai aumentar.

Se a concentração do íon diminuir, o equilíbrio será deslocado para a esquerda, favorecendo a oxidação; portanto, o potencial de redução vai diminuir.

Considere a equação global da pilha de Daniell

$$\underset{}{Zn(s)} + \underset{\text{diminui}}{Cu^{2+}(aq)} \longrightarrow \underset{\text{aumenta}}{Zn^{2+}(aq)} + Cu(s)$$

A concentração do cátion Zn^{2+} (produto) aumenta; portanto, o seu potencial de redução aumenta

início $[Zn^{2+}] = 1$ mol/L andamento $[Zn^{2+}] > 1$ mol/L

$Zn^{2+}(aq) + 2e^- \longrightarrow Zn(s)$ $E^0_{red} = -0{,}76$ V (início)

$Zn^{2+}(aq) + 2e^- \longrightarrow Zn(s)$ $E_{red} > -0{,}76$ V (andamento)

A concentração do cátion Cu^{2+} (reagente) diminui; portanto, o seu potencial de redução diminui.

início $[Cu^{2+}] = 1$ mol/L andamento $[Cu^{2+}] < 1$ mol/L

$Cu^{2+}(aq) + 2e^- \longrightarrow Cu(s)$ $E^0_{red} = +0{,}34$ V (início)

$Cu^{2+}(aq) + 2e^- \longrightarrow Cu(s)$ $E_{red} < +0{,}34$ V (andamento)

Como consequência das alterações nos potenciais de redução, a ddp da pilha (ΔE) vai diminuir.

$$\Delta E^0 = E^0_{Cu^{2+}/Cu} - E^0_{Zn^{2+}/Zn} = +1{,}10 \text{ V (início)}$$

$$\Delta E = E_{Cu^{2+}/Cu} - E_{Zn^{2+}/Zn} < +1{,}10 \text{ V (andamento)}$$

Haverá, portanto, um momento em que os valores dos potenciais de redução do Cu^{2+} e Zn^{2+} ficam iguais.

Nessas condições, a pilha estará descarregada ($\Delta E = 0$), isto é, a pilha não gera mais corrente elétrica, portanto, atingiu o equilíbrio químico.

Usando a constante de equilíbrio, podemos saber a relação entre as concentrações dos cátions Zn^{2+} e Cu^{2+}, que torna os potenciais de redução desses cátions iguais

$$Zn(s) + Cu^{2+}(aq) \rightleftarrows Zn^{2+}(aq) + Cu(s) \quad Kc = 10^{37}$$

$$Kc = \frac{[Zn^{2+}]}{[Cu^{2+}]} \therefore \frac{[Zn^{2+}]}{[Cu^{2+}]} = 10^{37}$$

Quando $[Zn^{2+}] = 10^{37}\,[Cu^{2+}]$, teremos

$$\left|\frac{E_{Cu^{2+}}}{Cu}\right| = \left|\frac{E_{Zn^{2+}}}{Zn}\right|$$

e a pilha para de funcionar.

9. Espontaneidade de reações de oxidorredução

Uma reação de oxidorredução será espontânea quando $\Delta E^0 > 0$, ou seja, a espécie que sofre redução tem **maior E^0_{red}** que a espécie que sofre oxidação.

Exemplo:

$Fe + Cu^{2+} \longrightarrow Fe^{2+} + Cu$ espontânea $\Delta E^0 > 0$

oxidação: $-0{,}44$ V

redução: $+0{,}34$ V

$$\Delta E^0 = E^0_{oxidante} - E^0_{redutor}$$

$$\Delta E^0 = +0{,}34 \text{ V} - (-0{,}44 \text{ V})$$

$$\Delta E^0 = +0{,}78 \text{ V}$$

Uma reação de oxidorredução não será espontânea (precisa energia para ocorrer) quando $\Delta E^0 < 0$, ou seja, a espécie que sofre redução tem **menor E^0_{red}** que a espécie que sofre oxidação.

$Cu + Fe^{2+} \longrightarrow Cu^{2+} + Fe$ não espontânea $\Delta E^0 < 0$

oxidação: $+0{,}34$ V

redução: $-0{,}44$ V

$$\Delta E^0 = E^0_{oxidante} - E^0_{redutor}$$

$$\Delta E^0 = -0{,}44 \text{ V} - (-0{,}34 \text{ V})$$

$$\Delta E^0 = -0{,}78 \text{ V}$$

10. Pilha de concentração

As semicélulas são iguais, porém as concentrações dos íons em cada semicélula são diferentes. A semicélula que tem maior concentração do íon sofrerá redução (maior E_{red}) e a semicélula que tem menor concentração do íon sofrerá oxidação (menor E_{red}).

A pilha de concentração para de funcionar ($\Delta E = 0$) quando as concentrações dos íons das semicélulas se tornarem iguais. Observe o esquema:

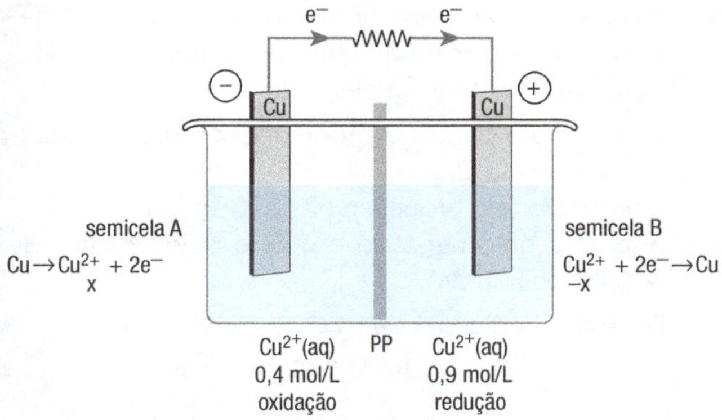

$\Delta E = 0$: $0{,}4 + x = 0{,}9 - x \quad \therefore \quad x = 0{,}25$

$[Cu^{2+}]_A = 0{,}65$ mol/L $\qquad [Cu^{2+}]_B = 0{,}65$ mol/L

11. Equação de Nernst

A fórmula $\Delta E^0 = E^0_{maior} - E^0_{menor}$ é usada para calcular a voltagem antes do uso da pilha. Exemplo:

Pilha de Daniell: $\Delta E^0 = 1{,}10$ V.

Quando a pilha começa a funcionar, a voltagem começa a diminuir e seu cálculo é feito através da equação de Nernst.

$$\Delta E = \Delta E^0 - \frac{0{,}059}{n} \log Q$$

ΔE é a voltagem após um certo tempo de funcionamento

ΔE⁰ é a voltagem inicial

n é a quantidade de mols de elétrons transferidos

Q é o quociente reacional

Pilha de Daniell

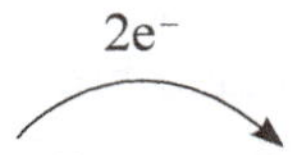

$$Zn(s) + Cu^{2+}(aq) \longrightarrow Zn^{2+}(aq) + Cu(s)$$

$$\Delta E = 1{,}10 - \frac{0{,}059}{2} \cdot \log \frac{[Zn^{2+}]}{[Cu^{2+}]}$$

Exemplo:

$[Zn^{2+}] = 1{,}5$ mol/L, $[Cu^{2+}] = 0{,}5$ mol/L

$$\Delta E = 1{,}10 - \frac{0{,}059}{2} \log \frac{1{,}5}{0{,}5}$$

$\Delta E = 1{,}08$ V

Isso mostra que, de fato, a voltagem da pillha diminui progressivamente com o passar do tempo até a reação atingir o equilíbrio, ou seja, a pilha ser descarregada ($\Delta E = 0$).

Exercícios Série Prata

1. Complete.

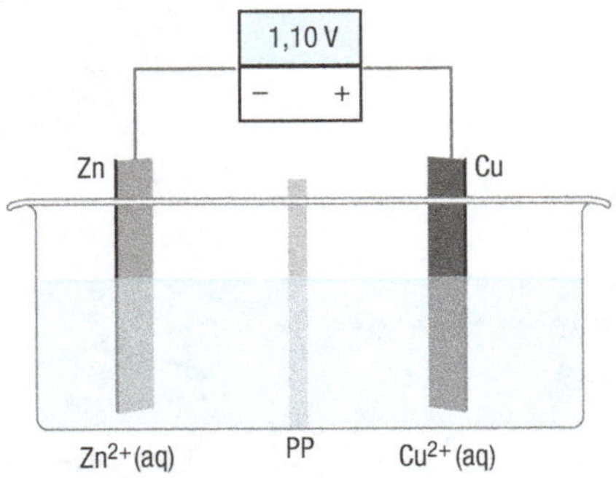

a) A ddp da pilha vale ____________________.

b) O polo negativo _____________.

c) O polo positivo _____________.

d) O potencial de eletrodo de cobre é _____________ que o do eletrodo de zinco, pois é o polo positivo da pilha.

2. Complete com **oxidação** ou **redução**.

a) A IUPAC recomenda escrever a equação da semirreação no sentido da _______________ nas tabelas dos potenciais-padrão do eletrodo.

Equação da semirreação E^0

$Zn^{2+} + 2e^- \rightleftarrows Zn$ $-0,76$ V

$Cu^{2+} + 2e^- \rightleftarrows Cu$ $+0,34$ V

$Ag^+ + e^- \rightleftarrows Ag$ $+0,80$ V

b) O cátion Ag^+ tem maior facilidade em sofrer

_______________________ .

c) O símbolo $\rightleftarrows$ indica que uma semirreação, em princípio, pode ocorrer no sentido da

_______________ ou no da _______________ ,

dependendo da outra semicélula presente.

d) Unindo as duas semicélulas de Zn e Cu teremos:
menor E^0, sofre _______________________ ,
inverter a semiequação da tabela:

$$Zn \longrightarrow Zn^{2+} + 2e^- + 0,76\ V$$

maior E^0, sofre _________________ , manter a semiequação da tabela:

$$Cu^{2+} + 2e^- \longrightarrow Cu + 0,34\ V$$

equação global: $Zn + Cu^{2+} \longrightarrow Zn^{2+} + Cu + 1,10\ V$

3. Calcule a ddp da pilha : $Al \mid Al^{3+} \parallel Fe^{2+} \mid Fe$.

Dados: $Al^{3+} + 3e^- \longrightarrow Al$ $-1,66$ V
$Fe^{2+} + 2e^- \longrightarrow Fe$ $-0,44$ V

4. (UEPB) Na montagem de uma pilha foram utilizados um eletrodo de níquel e outro de prata.

a) Escreva a equação global da pilha.
b) Calcule a sua diferença de potencial.

Dados: $Ni^{2+} + 2e^- \rightleftarrows Ni$ $E^0 = -0,25$ V
$Ag^+ + e^- \rightleftarrows Ag$ $E^0 = +0,80$ V

5. (PUC – SP) Para realizar um experimento, será necessário montar uma pilha que forneça uma diferença de potencial igual a 2 V.

a) escolha o par de eletrodos para fornecer exatamente essa ddp.
b) equacione o processo global da pilha.
c) qual o polo negativo e qual o polo positivo da pilha escolhida?

Dados: $Mg^{2+} + 2e^- \rightleftarrows Mg$ $-2,38$ V
$Al^{3+} + 3e^- \rightleftarrows Al$ $-1,66$ V
$Zn^{2+} + 2e^- \rightleftarrows Zn$ $-0,76$ V
$2\ H^+ + 2e^- \rightleftarrows H_2$ $+0,0$ V
$Cu^{2+} + 2e^- \rightleftarrows Cu$ $+0,34$ V

6. (CEETEPS – SP) Dois metais diferentes são colocados, cada qual numa solução aquosa de um de seus sais, e conectados a um voltímetro, conforme ilustrado a seguir.

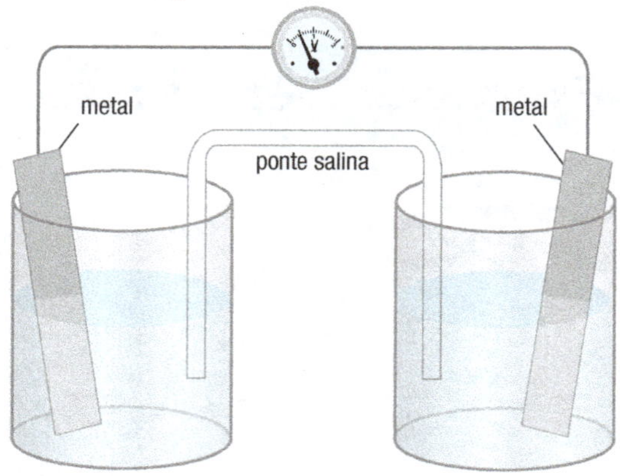

O voltímetro registra a diferença de potencial no sistema.

Considere os seguintes metais e os respectivos potenciais de redução:

Metal	Semirreação	E^0 (V) (redução)
prata	$Ag^+ + e^- \longrightarrow Ag$	+0,8
cobre	$Cu^{2+} + 2e^- \longrightarrow Cu$	+0,3
chumbo	$Pb^{2+} + 2e^- \longrightarrow Pb$	−0,1
zinco	$Zn^{2+} + 2e^- \longrightarrow Zn$	−0,8

A maior diferença de potencial no sistema será registrada quando os metais utilizados forem:

a) prata e cobre.
b) prata e zinco.
c) cobre e zinco.
d) cobre e chumbo.
e) chumbo e zinco.

c) Zn^{2+} deve ser melhor oxidante do que Fe^{2+}.
d) Zn deve reduzir espontaneamente Pb^{2+} a Pb.
e) Zn^{2+} deve ser melhor oxidante do que Pb^{2+}.

7. Dados os potenciais-padrão:

$F_2 + 2e^- \rightleftharpoons 2\,F^-$ $+2{,}87$ V

$Ag^+ + e^- \rightleftharpoons Ag$ $+0{,}80$ V

$Li^+ + e^- \rightleftharpoons Li$ $-3{,}05$ V

Indique:
a) melhor agente oxidante.
b) melhor agente redutor.

8. São conhecidos os seguintes potenciais-padrão de redução:

$Zn^{2+} + 2e^- \rightleftharpoons Zn$ $E^0 = -0{,}76$ V

$Cu^{2+} + 2e^- \rightleftharpoons Cu$ $E^0 = +0{,}34$ V

$Fe^{2+} + 2e^- \rightleftharpoons Fe$ $E^0 = -0{,}44$ V

$Ag^+ + e^- \rightleftharpoons Ag$ $E^0 = +0{,}80$ V

Considere as seguintes equações:

I. $Fe + Cu^{2+} \longrightarrow Fe^{2+} + Cu$
II. $Cu + Zn^{2+} \longrightarrow Cu^{2+} + Zn$
III. $2\,Ag + Cu^{2+} \longrightarrow 2\,Ag^+ + Cu$
IV. $Zn + 2\,Ag^+ \longrightarrow Zn^{2+} + 2\,Ag$

Indique quais são espontâneas.

9. (FUVEST – SP) I e II são equações de reações que ocorrem em água, espontaneamente, no sentido indicado, em condições padrão.

I. $Fe + Pb^{2+} \longrightarrow Fe^{2+} + Pb$
II. $Zn + Fe^{2+} \longrightarrow Zn^{2+} + Fe$

Analisando tais reações, isoladamente ou em conjunto, pode-se afirmar que, em condições padrão,

a) elétrons são transferidos do Pb^{2+} para o Fe.
b) reação espontânea deve ocorrer entre Pb e Zn^{2+}.

10. Se adicionarmos uma solução aquosa de ácido clorídrico a duas panelas, uma de cobre e outra de alumínio, elas serão corroídas pelo ácido?

Dados:

$Al^{3+} + 3e^- \rightleftharpoons Al$ $E^0 = -1{,}66$ V

$2\,H^+ + 2e^- \rightleftharpoons H_2$ $E^0 =$ zero

$Cu^{2+} + 2e^- \rightleftharpoons Cu$ $E^0 = +0{,}34$ V

11. Dadas as seguintes equações químicas:

$Al + 3\,Ag^+ \longrightarrow 3\,Ag + Al^{3+}$

$Cu + 2\,Ag^+ \longrightarrow 2\,Ag + Cu^{2+}$

$2\,Al + 3\,Cu^{2+} \longrightarrow 3\,Cu + Al^{3+}$

Baseado nas informações acima, coloque em ordem crescente de poder oxidante os íons Ag^+, Al^{3+}, e Cu^{2+}.

12. Explique se é possível estocar uma solução de sulfato ferroso em um recipiente à base de cobre.

Dados:

$Fe^{2+} + 2e^- \longrightarrow Fe$ $-0{,}44$ V

$Cu^{2+} + 2e^- \longrightarrow Cu$ $+0{,}34$ V

13. (MACKENZIE – SP) A ilustração abaixo representa um experimento em que foi colocada uma barra metálica de zinco mergulhada em uma solução aquosa de sulfato de cobre (II).

De acordo com os valores dos E^0 de redução abaixo, pode-se afirmar que

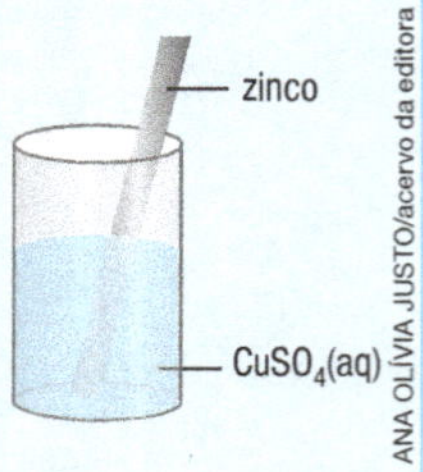

$Zn^{2+}(aq)/Zn(s) \quad E^0 = -0{,}76\ V$

$Cu^{2+}(aq)/Cu(s) \quad E^0 = +0{,}34\ V$

a) o zinco sofre redução.
b) o processo não é espontâneo.
c) ocorre a formação de íons $Zn^{2+}(aq)$.
d) elétrons são transferidos do $Cu^{2+}(aq)$ para o $Zn(s)$.
e) o $Zn(s)$ é um excelente agente oxidante.

Resolução:

$$Zn(s) + CuSO_4(aq) \longrightarrow ?$$

$Zn(s) \longrightarrow Zn^{2+}(aq) + 2e^- \qquad +0{,}76\ V$

$Cu^{2+}(aq) + 2e^- \longrightarrow Cu(s) \qquad +0{,}34\ V$

$Zn(s) + Cu^{2+}(aq) \longrightarrow Zn^{2+}(aq) + Cu(s) \qquad +1{,}10\ V$

$\Delta E^0 > 0$ ∴ processo espontâneo

Resposta: alternativa c.

14. (UFRJ) Os quatro frascos apresentados a seguir contêm soluções salinas de **mesma concentração em mol/L**, a 25 °C. Em cada frasco, encontra-se uma placa metálica mergulhada na solução.

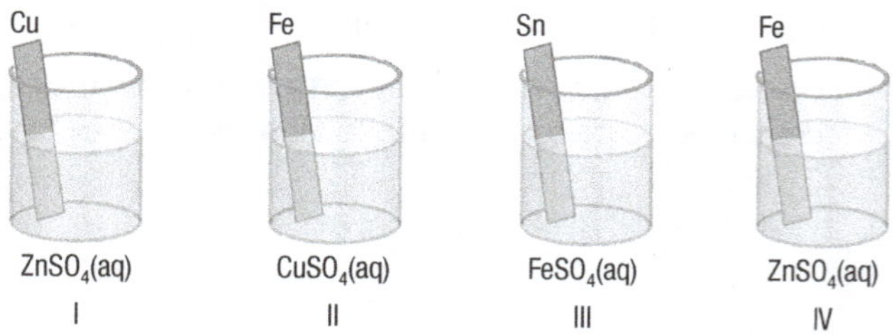

	E^0_{red} (V)
$Zn^{2+} + 2e^- \longrightarrow Zn$	−0,76
$Fe^{2+} + 2e^- \longrightarrow Fe$	−0,44
$Sn^{2+} + 2e^- \longrightarrow Sn$	−0,14
$Cu^{2+} + 2e^- \longrightarrow Cu$	+0,34

a) Identifique o frasco em que ocorre reação química espontânea e escreva a respectiva equação.
b) Sabendo que o frasco III contém 304 gramas de $FeSO_4$ em 2 litros de solução, determine a concentração, em g/L, da solução de $ZnSO_4$ no frasco I.

Dados: massas molares em g/mol: $FeSO_4$ = 152, $ZnSO_4$ = 161.

15. (FUVEST – SP) Dada a tabela de reatividade.

	Cu	Mg	Pb
$CuSO_4$	–	reage	reage
$MgCl_2$	não reage	–	não reage
$Pb(NO_3)_2$	não reage	reage	–

Disponha os cátions citados em ordem crescente dos potenciais de redução. Explique.

16. (UnB – DF) Alguns trocadores de calor utilizam tubos de alumínio por meio dos quais passa a água utilizada para a refrigeração. Em algumas indústrias, essa água pode conter sais de cobre. Sabendo que o potencial-padrão de redução para o alumínio (Al^{3+} para Al^0) é de −1,66 V e, para o cobre (Cu^{2+} para Cu^0), é de +0,34 V, julgue os itens a seguir.

a) A água contendo sais de cobre acarretará a corrosão da tubulação de alumínio do trocador de calor.
b) Na pilha eletroquímica formada, o cobre é o agente redutor.
c) Se a tubulação do trocador fosse feita de cobre, e a água de refrigeração contivesse sais de alumínio, não haveria formação de pilha eletroquímica entre essas espécies metálicas.
d) O valor, em módulo, do potencial-padrão para a pilha eletroquímica formada é igual a 1,32 V.

17. (PUC – MG) Considere os metais com seus respectivos potenciais-padrão de redução:

$Al^{3+} + 3e^- \longrightarrow Al$ (E = −1,66 V)
$Zn^{2+} + 2e^- \longrightarrow Zn$ (E = −0,76 V)
$Fe^{2+} + 2e^- \longrightarrow Fe$ (E = −0,44 V)
$Cu^{2+} + 2e^- \longrightarrow Cu$ (E = +0,34 V)
$Hg^{2+} + 2e^- \longrightarrow Hg$ (E = +0,85 V)

Analise as seguintes afirmativas:

I. O melhor agente redutor é o Hg.
II. O Al cede elétrons mais facilmente que o Zn.
III. A reação $Cu^{2+} + Hg \longrightarrow Cu^0 + Hg^{2+}$ não é espontânea.
IV. O íon Al^{3+} recebe elétrons mais facilmente do que o íon Cu^{2+}.
V. Pode-se estocar, por longo prazo, uma solução de sulfato ferroso num recipiente à base de cobre.

A opção que contém somente afirmativas corretas é:
a) I, II e IV.
b) II, III e IV.
c) III, IV e V.
d) II, III e V.
e) I, II e III.

18. (FUVEST – SP) Uma liga metálica, ao ser mergulhada em ácido clorídrico, pode permanecer inalterada, sofrer dissolução parcial ou dissolução total. Qual das situações dadas será observada com a liga de cobre e zinco (latão)? Justifique utilizando as informações da tabela a seguir:

Semirreação	E^0 (volts)
$Cl_2 + 2e^- \longrightarrow 2\ Cl^-$	+1,36
$Cu^{2+} + 2e^- \longrightarrow Cu$	+0,34
$2\ H^+ + 2e^- \longrightarrow H_2$	0,00
$Zn^{2+} + 2e^- \longrightarrow Zn$	−0,76

19. (PUC – RS) Responder à questão considerando as propriedades dos metais Mg, Ag, Cu e Zn.

I. Somente Mg e Zn reagem com HCl 1,0 mol/L formando $H_2(g)$.
II. Quando o Mg é adicionado a solução dos íons dos outros metais, há formação de Zn, Cu e Ag metálicos.
III. O metal Cu reduz o íon Ag^+ para dar o metal Ag^0 e os íons Cu^{2+}.

Com base nessas informações, é correto afirmar que:
a) o metal Zn é maior agente redutor que os metais Mg, Cu e Ag.
b) o íon Ag^+ é maior agente oxidante que os íons Mg^{2+}, Zn^{2+} e Cu^{2+}.
c) os metais têm a mesma capacidade redutora.
d) os metais Cu e Ag apresentam uma capacidade redutora maior que os metais Zn e Mg.
e) os metais que reagem com HCl são poderosos agentes oxidantes.

20. Complete com **maior** ou **menor**.

Seja a semiequação

$$Zn^{2+} + 2e^- \rightleftarrows Zn$$

Um aumento da $[Zn^{2+}]$ desloca o equilíbrio para a direita, favorecendo a redução.

Maior concentração ________________ potencial de redução.

Exercícios Série Ouro

1. (UNIFESP) A figura apresenta uma célula voltaica utilizada para medida de potencial de redução a 25 °C. O eletrodo-padrão de hidrogênio tem potencial de redução igual a zero. A concentração das soluções de íons H^+ e Zn^{2+} é de 1,00 mol/L.

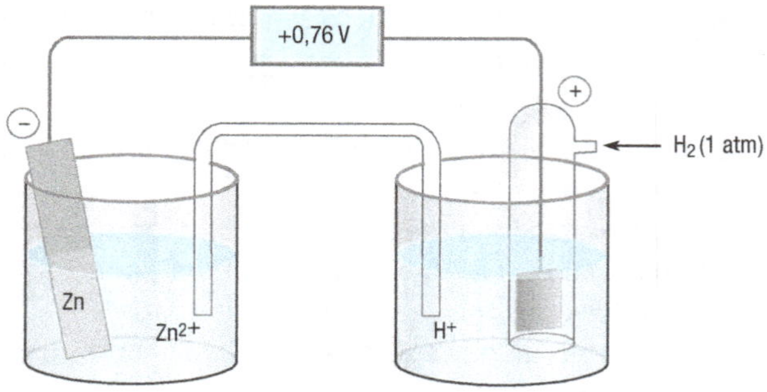

Utilizando, separadamente, placas de níquel e de cobre e suas soluções Ni^{2+} e Cu^{2+}, verificou-se que Ni e Cu apresentavam potenciais-padrão de redução respectivamentes iguais a −0,25 V e +0,34 V.

a) Escreva as equações de redução, oxidação e global e determine o valor do potencial-padrão de redução do Zn.

b) Para a pilha de Ni e Cu, calcule a ddp (diferença de potencial) e indique o eletrodo positivo.

2. (UECE) A respeito do eletrodo padrão de hidrogênio é correto dizer-se que:

a) São as seguintes condições de padronização estabelecidas por convenção para o mesmo:

Temperatura	Concentração H^+	Pressão
25 °C	0,1 mol/L	1 atm H_2

b) Em uma pilha que tenha um dos polos constituído por um eletrodo padrão de hidrogênio e o outro formado por uma lâmina de zinco metálico na qual ocorra a semirreação:

$$Zn^0(s) \longrightarrow Zn^{2+}(aq) + 2e^-$$

o zinco funcionará como polo negativo.

c) O potencial do eletrodo-padrão, E^0, é o ponto inicial de uma escala de valores absolutos.

d) A seguinte semirreação $Cu^{2+}(aq) + 2e^- \longrightarrow Cu^0(s)$ implica que a semirreação complementar que deve ocorrer no eletrodo padrão de hidrogênio deva ser:

$$2\ H^+(aq) + 2e^- \longrightarrow H_2(g)$$

3. (UEL – PR) Potenciais-padrão de redução:

$H^+, \frac{1}{2}\ H_2$.................... E = 0

Cu^{2+}, Cu.................... E = +0,34 volt

Fe^{2+}, Fe.................... E = −0,44 volt

Se em vez do par $H^+, \frac{1}{2}\ H_2$, escolhido como tendo potencial-padrão de redução igual a zero, fosse escolhido o par Fe^{2+}, Fe como padrão, fixando-se a este o valor zero, nessa nova escala, os potenciais-padrão de redução dos pares Cu^{2+}, Cu e $H^+, \frac{1}{2}, H_2$, seriam, respectivamente, em volt:

a) +0,10 e +0,34
b) −0,10 e −0,34
c) −0,78 e −0,44
d) −0,78 e +0,44
e) +0,78 e +0,44

4. (MACKENZIE – SP) Dados os potenciais de redução das semirreações, I e II,

I. $Cu^{2+} + 2e^- \longrightarrow Cu^0$ $E^0 = +0,34$ V
II. $Al^{3+} + 3e^- \longrightarrow Al^0$ $E^0 = -1,66$ V

O valor da ddp da pilha $Al/Al^{3+}//Cu/Cu^{2+}$ é:

a) +4,30 V.
b) −2,00 V.
c) +1,32 V.
d) +2,00 V.
e) −1,32 V.

5. (ITA – SP) Considere os dois eletrodos (I e II) seguintes e seus respectivos potenciais na escala do eletrodo de hidrogênio (E^0) e nas condições-padrão:

I. $F_2(aq) + 2e^-(CM) \rightleftharpoons 2\ F^-(g)$ $E^0_I = 2{,}87\ V$

II. $MnO_4^-(aq) + 8\ H^+(aq) + 5e^-(CM) \rightleftharpoons$
$\rightleftharpoons Mn^{2+}(aq) + 4\ H_2O(l)$ $E^0_{II} = 1{,}51\ V$

A força eletromotriz de um elemento galvânico construído com os dois eletrodos acima é de:

a) −1,81 V.
b) −1,13 V.
c) 0,68 V.
d) 1,36 V.
e) 4,38 V.

6. Num laboratório foi montada a pilha representada por:

$Pt(s)\ |\ Fe^{2+}(aq)\ |\ Fe^{3+}(aq)\ ||\ Ag^+(aq)\ |\ Ag(s)$

O eletrodo de platina é inerte (não participa de reação em que Fe^{2+} se transforma em Fe^{3+}). O ΔE^0 medido foi de 0,03 V. Com base nesse valor e sabendo que $E^0(Ag^+/Ag^0) = +0{,}80\ V$, determine o valor de $E^0(Fe^{3+}/Fe^{2+})$.

7. (UNIFESP) A figura representa uma pilha formada com os metais Cd e Ag, mergulhados nas soluções de $Cd(NO_3)_2(aq)$ e $AgNO_3(aq)$, respectivamente. A ponte salina contém solução de $KNO_3(aq)$.

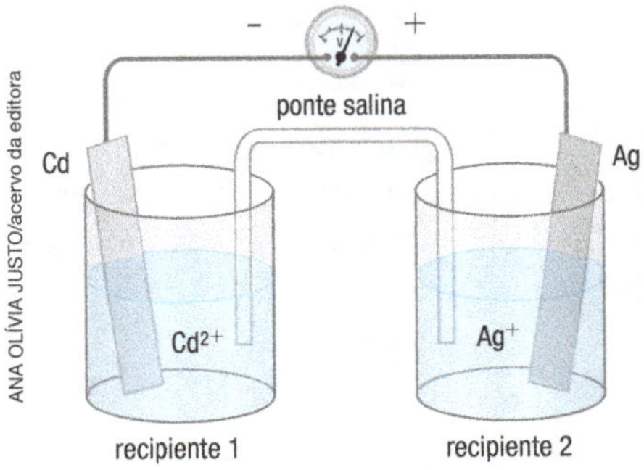

a) Sabendo que a diferença de potencial da pilha, nas condições padrão, é igual a +1,20 V e que o potencial padrão de redução do cádmio é igual a −0,40 V, calcule o potencial padrão de redução da prata. Apresente seus cálculos.

b) Para qual recipiente ocorre migração dos íons K^+ e NO_3^- da ponte salina? Justifique sua resposta.

8. (PUC) **Dados**: Potenciais de redução

$Pt^{2+}(aq) + 2e^- \longrightarrow Pt(s)$ $E^0 = +1{,}20\ V$

$Cu^{2+}(aq) + 2e^- \longrightarrow Cu(s)$ $E^0 = +0{,}34\ V$

$Zn^{2+}(aq) + 2e^- \longrightarrow Zn(s)$ $E^0 = -0{,}76\ V$

Uma pilha é um dispositivo que se baseia em uma reação de oxidorredução espontânea cujas semirreações de redução e oxidação ocorrem em semicélulas independentes. Para o funcionamento adequado da montagem é necessário que seja permitido fluxo de elétrons entre os eletrodos e fluxo de íons entre as soluções envolvidas, mantendo-se o circuito elétrico fechado. Além disso, é fundamental evitar o contato direto das espécies redutora e oxidante.

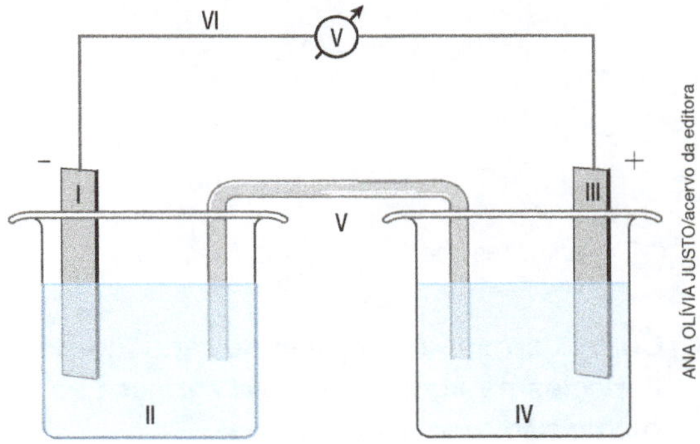

Considere o esquema acima.

Considere que as soluções aquosas empregadas são todas de concentração 1,0 mol/L nas espécies indicadas. Haverá passagem de corrente elétrica na aparelhagem com ddp medida pelo voltímetro de 1,10 V, somente se cada componente do esquema corresponder a:

	I	II	III	IV	V	VI
a)	Zn(s)	$Zn^{2+}(aq)$	Cu(s)	$Cu^{2+}(aq)$	$KNO_3(aq)$	fio de cobre
b)	Zn(s)	$Cu^{2+}(aq)$	Cu(s)	$Zn^{2+}(aq)$	$KNO_3(aq)$	fio de prata
c)	Cu(s)	$Cu^{2+}(aq)$	Zn(s)	$Zn^{2+}(aq)$	$C_2H_5OH(aq)$	fio de cobre
d)	Cu(s)	$Zn^{2+}(aq)$	Zn(s)	$Cu^{2+}(aq)$	$C_2H_5OH(aq)$	fio de prata
e)	Pt(s)	$Zn^{2+}(aq)$	Pt(s)	$Cu^{2+}(aq)$	$KNO_3(aq)$	fio de cobre

9. (CEFET – PR) Ao se preparar para uma demonstração do funcionamento de uma pilha durante uma feira de ciências, o jovem Giles Quecido esqueceu de levar até o local de montagem do experimento alguns itens. Resolveu então montar com alguns itens que havia no local. Acontece que o experimento não funcionou. Um esquema de como ele montou seu experimento está representado na figura a seguir.

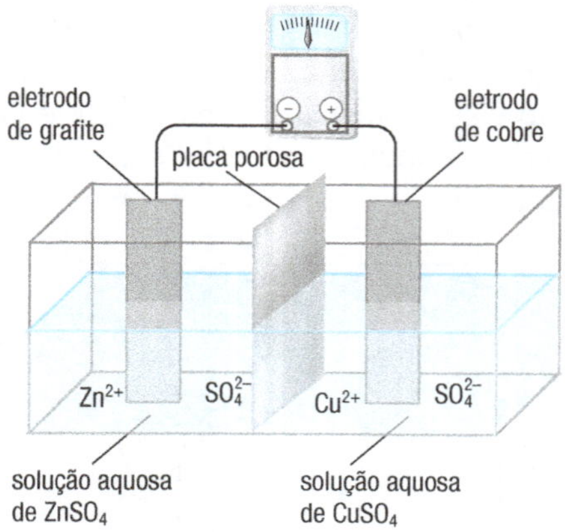

Com base nos potenciais de redução-padrão das espécies na figura, pode-se afirmar que o experimento não funcionou porque:

E^0_{red} (Cu^{2+}/Cu) = +0,34 V; E^0_{red} (Zn^{2+}/Zn) = −0,76 V

a) ele inverteu as soluções aquosas: onde está o $CuSO_4$ deveria estar o $ZnSO_4$.

b) ele inverteu os eletrodos: onde está o grafite deveria estar o cobre.

c) onde está a placa porosa deveria haver uma ponte salina com solução saturada de KCl.

d) ele deveria colocar o eletrodo de cobre mergulhado na solução de $ZnSO_4$.

e) ele esqueceu de colocar o eletrodo de zinco mergulhado na solução $ZnSO_4$.

10. (UFRJ – adaptada) Um experimento utilizado no estudo de eletroquímica consiste em empilhar uma placa de cobre e uma placa de zinco e duas placas de feltro, uma embebida em solução-padrão de sulfato de cobre e outra em solução de sulfato de zinco. Esse experimento tem o objetivo de produzir energia para acender uma lâmpada de baixa voltagem:

Potenciais-padrão de redução

Cu^{2+}/Cu^0	E = +0,34 V
Zn^{2+}/Zn^0	E = −0,76 V

Esquema de montagem de pilha

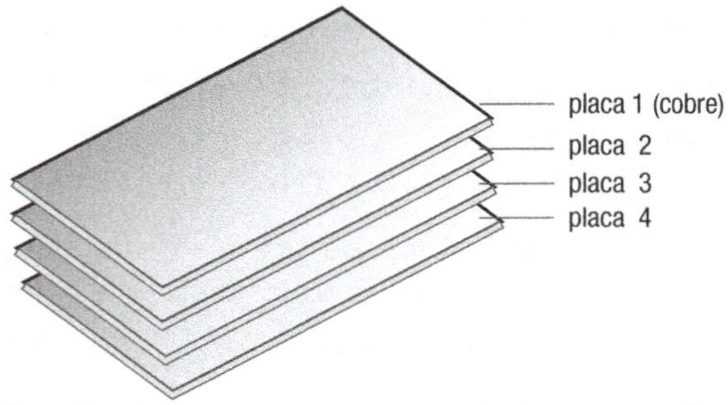

Com base no esquema apresentado, responda aos seguintes itens:

I. Identifique a sequência de montagem da pilha, identificando as placas 2, 3 e 4.

II. Escreva a equação da semirreação correspondente ao eletrodo formado pela placa onde ocorre depósito metálico.

III. Identifique a placa onde será conectada a extremidade do fio correspondente ao polo positivo da pilha.

IV. Identifique a placa de feltro contendo a solução onde ocorre aumento da concentração de íons positivos.

11. (FAMERP – SP) A figura representa o esquema de uma pilha formada com placas de níquel e zinco mergulhadas em soluções contendo seus respectivos íons.

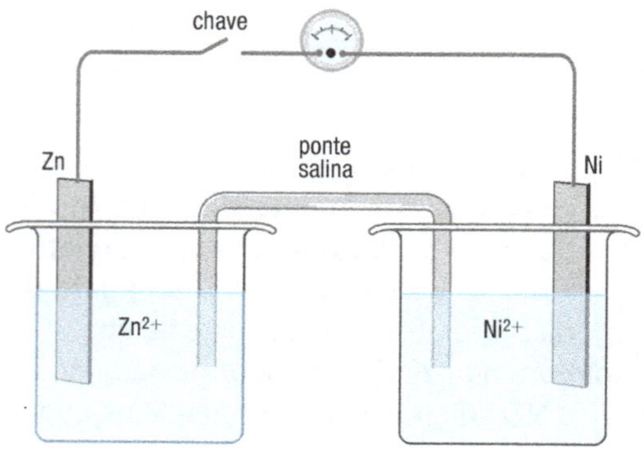

Dados: potenciais-padrão de redução

$Zn^{2+}(aq) + 2e^- \longrightarrow Zn(s)$ $E^0 = -0,76$ V

$Ni^{2+}(aq) + 2e^- \longrightarrow Ni(s)$ $E^0 = -0,23$ V

O cátodo e a diferença de potencial da pilha são, respectivamente,

a) a placa de níquel e +0,53 V.

b) a placa de níquel e −0,53 V.

c) a plca de zinco e −0,53 V.

d) a placa de zinco e +0,53 V.

e) a placa de níquel e −0,99 V.

12. (UNESP) Pode-se montar um circuito elétrico com um limão, uma fita de magnésio, um pedaço de fio de cobre e um relógio digital, como mostrado na figura.

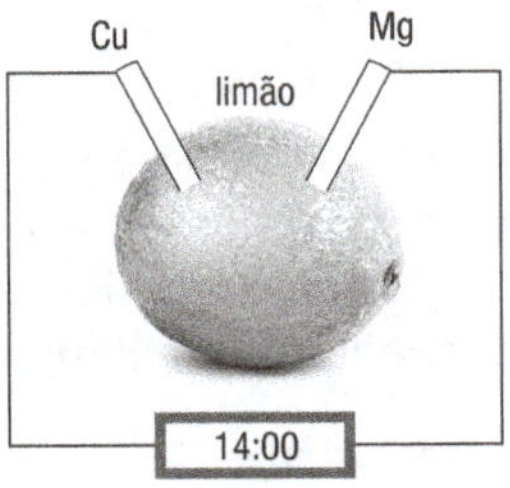

O suco ácido do limão faz o contato entre a fita de magnésio e o fio de cobre, e a corrente elétrica produzida é capaz de acionar o relógio.

Dados: $Mg^{2+} + 2e^- \longrightarrow Mg(s)$ $E^0 = -2,36$ V

$2\,H^+ + 2e^- \longrightarrow H_2(g)$ $E^0 = 0,00$ V

$Cu^{2+} + 2e^- \longrightarrow Cu(s)$ $E^0 = 0,34$ V

Com respeito a esse circuito, pode-se afirmar que:

a) se o fio de cobre for substituído por um eletrodo condutor de grafite, o relógio não funcionará.

b) no eletrodo de magnésio ocorre a semirreação:

$$Mg(s) \longrightarrow Mg^{2+} + 2e^-$$

c) no eletrodo de cobre ocorre a semirreação:

$$Cu^{2+} + 2e^- \longrightarrow Cu(s)$$

d) o fluxo de elétrons pelo circuito é proveniente do eletrodo de cobre.

e) a reação global que ocorre na pilha é:

$$Cu^{2+} + Mg(s) \longrightarrow Cu(s) + Mg^{2+}$$

13. (CEFET – PR) Uma pilha voltaica é constituída por duas semipilhas ou celas sendo que em cada semipilha há um eletrodo e cada eletrodo possui o seu potencial de redução que depende da temperatura e da concentração dos íons presentes. Em virtude destas variáveis definiu-se um potencial-padrão de redução que é o potencial medido pela semipilha quando esta se encontra numa temperatura de 25 °C e concentração de 1,0 mol/L comparada a uma semipilha de hidrogênio. A semipilha de hidrogênio é composta de um eletrodo metálico de platina mergulhado numa solução de concentração iônica 1,0 mol/L de íons H^+ na qual borbulha-se hidrogênio gasoso. Esta semipilha de hidrogênio é denominada de eletrodo-padrão de hidrogênio e por definição atribui-se o potencial de redução igual a zero.

Durante um experimento, um pesquisador necessitava saber o potencial de redução de uma amostra de metal puro que ele não sabia qual era. O pesquisador possuía apenas um fio de prata e solução de nitrato de prata (1,0 mol/L), além de saber que é extremamente oneroso fabricar um eletrodo-padrão de hidrogênio. As únicas informações que ele tinha à disposição eram que o potencial de redução entre o metal desconhecido e a prata era de 3,2 V (tendo a prata como cátodo), facilmente verificável experimentalmente. Com base nas informações contidas no texto e na tabela a seguir pode-se afirmar que o elemento desconhecido é:

Reação	Potencial de redução (V)
$Al^{3+} + 3e^- \rightleftharpoons Al$	−1,66
$Mg^{2+} + 2e^- \rightleftharpoons Mg$	−2,4
$Mn^{2+} + 2e^- \rightleftharpoons Mn$	−1,2
$Cu^{2+} + 2e^- \rightleftharpoons Cu$	+0,34
$Co^{3+} + 3e^- \rightleftharpoons Co$	+1,82
$Ag^+ + e^- \rightleftharpoons Ag$	+0,80

a) Mn. b) Cu. c) Al. d) Co. e) Mg.

14. (UFMG) Num laboratório, foram feitos testes para avaliar a reatividade de três metais – cobre, Cu, magnésio, Mg, e zinco, Zn. Para tanto, cada um desses metais foi mergulhado em três soluções diferentes – uma de nitrato de cobre, $Cu(NO_3)_2$, uma de nitrato de magnésio, $Mg(NO_3)_2$, e uma de nitrato de zinco, $Zn(NO_3)_2$.

Neste quadro, estão resumidas as observações feitas ao longo dos testes:

Soluções \ Metais	Cu	Mg	Zn
$Cu(NO_3)_2$	não reage	reage	reage
$Mg(NO_3)_2$	não reage	não reage	não reage
$Zn(NO_3)_2$	não reage	reage	não reage

Considerando-se essas informações, é correto afirmar que a disposição dos três metais testados, segundo a ordem crescente de reatividade de cada um deles, é:

a) Cu / Mg / Zn.
b) Cu / Zn / Mg.
c) Mg / Zn / Cu.
d) Zn / Cu / Mg.
e) Zn / Mg / Cu.

Resolução:

$Cu + Mg^{2+} \longrightarrow$ não reage
$Cu + Zn^{2+} \longrightarrow$ não reage } Cu é menos reativo do que Mg ou Zn.

$Mg + Zn^{2+} \longrightarrow$ reage } Mg é mais reativo do que Zn

Portanto, a ordem crescente de reatividade é: Cu / Zn / Mg.

Resposta: alternativa b.

15. (FUVEST – SP) Três metais foram acrescentados a solução aquosa de nitratos metálicos, de mesma concentração, conforme indicado na tabela. O cruzamento de uma linha com uma coluna representa um experimento. Um retângulo em branco indica que o experimento não foi realizado; o sinal (–) indica que não ocorreu reação e o sinal (+) indica que houve dissolução do metal acrescentado e precipitação do metal que estava na forma de nitrato.

	Cd	Co	Pb
$Cd(NO_3)_2$		–	–
$Co(NO_3)_2$	+		–
$Pb(NO_3)_2$	+	+	

Cada um dos metais citados, mergulhado na solução aquosa de concentração 0,1 mol/L de seu nitrato, é um eletrodo, representado por $Me \mid Me^{2+}$, onde Me indica o metal e Me^{2+}, o cátion de seu nitrato.

A associação de dois desses eletrodos constitui uma pilha. A pilha com **maior** diferença de potencial elétrico e polaridade correta de seus eletrodos, determinada com um voltímetro, é representada por:

a) $Cd \overset{\ominus}{|} Cd^{2+} \| Pb^{2+} \overset{\oplus}{|} Pb$
b) $Pb \overset{\ominus}{|} Pb^{2+} \| Cd^{2+} \overset{\oplus}{|} Cd$
c) $Cd \overset{\ominus}{|} Cd^{2+} \| Co^{2+} \overset{\oplus}{|} Co$
d) $Co \overset{\ominus}{|} Co^{2+} \| Pb^{2+} \overset{\oplus}{|} Pb$
e) $Pb \overset{\ominus}{|} Pb^{2+} \| Co^{2+} \overset{\oplus}{|} Co$

Obs.: || significa ponte salina; ⊕ significa polo positivo; ⊖ significa polo negativo.

16. (UNESP) Em um laboratório didático, um aluno montou pilhas elétricas usando placas metálicas de zinco e cobre, separadas com pedaços de papel-toalha, como mostra a figura.

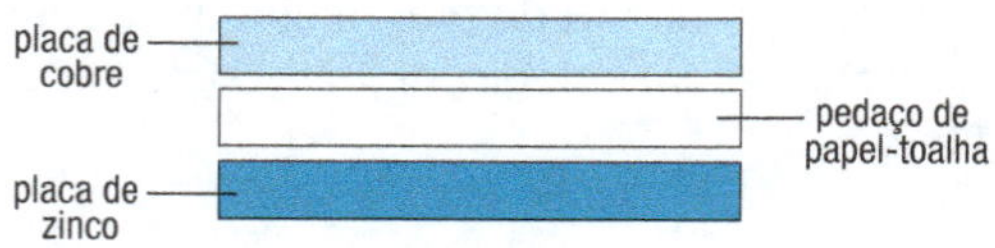

Utilizando três pilhas ligadas em série, o aluno montou o circuito elétrico esquematizado, a fim de produzir corrente elétrica a partir de reações químicas e acender uma lâmpada.

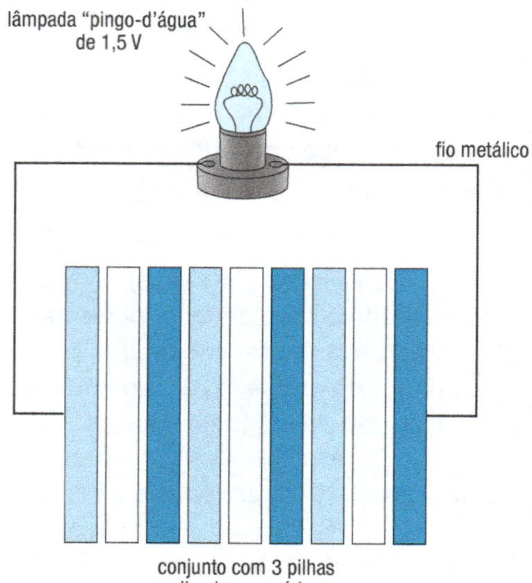

conjunto com 3 pilhas ligadas em série

Com o conjunto e os contatos devidamente fixados, o aluno adicionou uma solução de sulfato de cobre ($CuSO_4$) aos pedaços de papel-toalha de modo a umedecê-los e, instantaneamente, houve o acendimento da lâmpada.

A tabela apresenta os valores de potencial-padrão para algumas semirreações.

Equação de semirreação	**E⁰(V) (1 mol · L⁻¹, 100 kPa e 25 °C)**
$2\,H^+(aq) + 2e^- \rightleftarrows H_2(g)$	0,00
$Zn^{2+}(aq) + 2e^- \rightleftarrows Zn(s)$	−0,76
$Cu^{2+}(aq) + 2e^- \rightleftarrows Cu(s)$	+0,34

Considerando os dados da tabela e que o experimento tenha sido realizado nas condições ambientes, escreva a equação global da reação responsável pelo acendimento da lâmpada e calcule a diferença de potencial (ddp) teórica da bateria montada pelo estudante.

17. (UNESP) Em maio de 1800, Alessandro Volta anunciou a invenção da pilha elétrica, a primeira fonte contínua de eletricidade. O seu uso influenciou fortemente o desenvolvimento da Química nas décadas seguintes. A pilha de Volta era composta de discos de zinco e de prata sobrepostos e intercalados com material poroso embebido em solução salina, como mostrado a seguir:

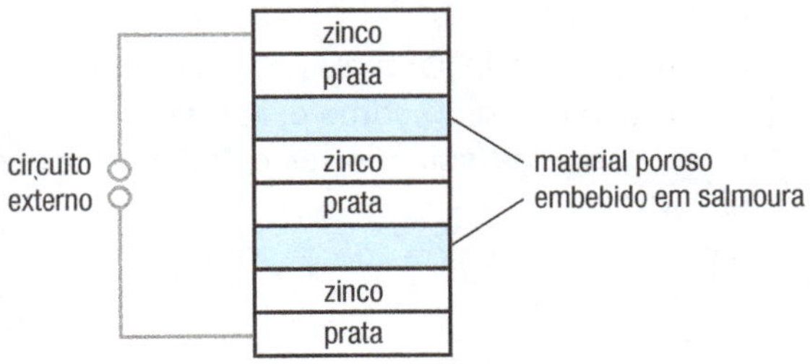

Com o funcionamento da pilha, observa-se que os discos de zinco sofrem corrosão.

A respeito da pilha de Volta, são feitas as seguintes afirmações:

I. Nos discos de zinco ocorre a semirreação:
$$Zn(s) \longrightarrow Zn^{2+} + 2e^-$$

II. Os discos de prata são fontes de elétrons para o circuito externo.

III. O aumento do diâmetro dos discos empregados na montagem não influencia na tensão fornecida pela pilha.

Das três afirmações apresentadas,

a) apenas I é verdadeira.
b) apenas II é verdadeira.
c) apenas I e II são verdadeiras.
d) apenas I e III são verdadeiras.
e) apenas II e III são verdadeiras.

18. (FUVEST – SP) Na década de 1780, o médico italiano Luigi Galvani realizou algumas observações, utilizando rãs recentemente dissecadas. Em um dos experimentos, Galvani tocou dois pontos da musculatura de uma rã com dois arcos de metais diferentes, que estavam em contato entre si, observando uma contração dos músculos, conforme mostra a figura.

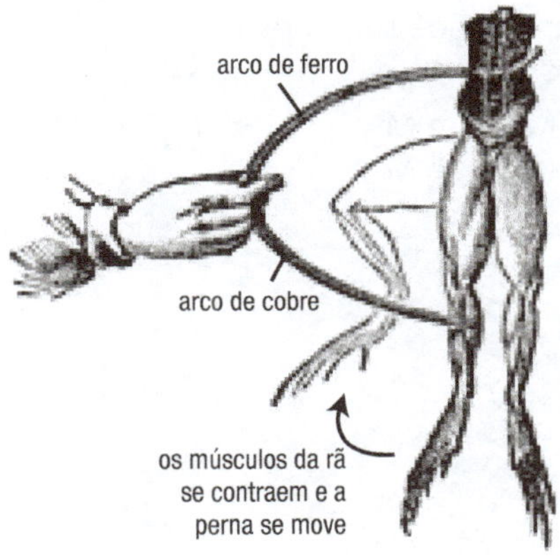

Interpretando essa observação com os conhecimentos atuais, pode-se dizer que as pernas da rã continham soluções diluídas de sais. Pode-se, também, fazer uma analogia entre o fenômeno observado e o funcionamento de uma pilha.

Considerando essas informações, foram feitas as seguintes afirmações:

I. Devido à diferença de potencial entre os dois metais, que estão em contato entre si e em contato com a solução salina da perna da rã, surge uma corrente elétrica.

II. Nos metais, a corrente elétrica consiste em um fluxo de elétrons.

III. Nos músculos da rã, há um fluxo de íons associado ao movimento de contração.

Está correto o que se afirma em:

a) I, apenas.
b) III, apenas.
c) I e II, apenas.
d) II e III, apenas.
e) I, II e III.

19. (UNIFESP) Quatro metais M_1, M_2, M_3 e M_4 apresentam as seguintes propriedades:

I. Somente M_1 e M_3 reagem com ácido clorídrico 1,0 mol/L liberando $H_2(g)$.

II. Quando M_3 é colocado nas soluções dos íons dos outros metais, há formação de M_1, M_2 e M_4 metálicos.

III. O metal M_4 reduz M_2^{n+}, para dar o metal M_2 e íons M_4^{n+}.

Com base nessas informações, pode-se afirmar que a ordem crescente dos metais, em relação à sua capacidade redutora, é:

a) M_1, M_2, M_3 e M_4
b) M_2, M_4, M_1 e M_3
c) M_2, M_1, M_4 e M_3
d) M_3, M_1, M_4 e M_2
e) M_4, M_2, M_1 e M_3

20. (UNIFESP) Usando-se uma tabela de potenciais-padrão de redução, foram feitas, corretamente, as seguintes previsões:

I. O bromo pode ser obtido de uma solução que tenha íons brometo (por exemplo, água do mar), fazendo-se a sua oxidação com cloro.

II. A reação $Cu^{2+} + 2\,Br^- \longrightarrow Cu^0 + Br_2$ não é espontânea e, por isso, a obtenção de Br_2 a partir de uma solução aquosa de $CuBr_2$ só pode ser feita por eletrólise desta solução.

Se E_1^0, E_2^0 e E_3^0 forem, respectivamente, os potenciais-padrão dos pares Cl_2/Cl^-, Br_2/Br^- e Cu^{2+}/Cu, para que essas previsões sejam válidas deve existir a seguinte relação:

a) $E_1^0 < E_2^0 < E_3^0$
b) $E_1^0 < E_2^0 > E_3^0$
c) $E_1^0 > E_2^0 > E_3^0$
d) $E_1^0 > E_2^0 < E_3^0$
e) $E_1^0 > E_2^0 = E_3^0$

Resolução:

I. $Cl_2 + 2\,Br^- \longrightarrow 2\,Cl^- + Br_2$

redução

O potencial de redução do par Cl_2/Cl^- (E_1^0) é maior que do par Br_2/Br^- (E_2^0), pois o cloro sofre redução em contato com o íon Br^- (reação espontânea).

$$E_1^0 > E_2^0$$

II. $Cu^{2+} + 2\,Br^- \longrightarrow Cu^0 + Br_2$ (reação não espontânea)

A reação inversa é espontânea.

$Cu^0 + Br_2 \longrightarrow Cu^{2+} + 2\,Br^-$

redução

O potencial de redução do par Br_2/Br^- (E_2^0) é maior que do par Cu^{2+}/Cu (E_3^0), pois o bromo sofre redução em contato com o metal Cu.

$$E_2^0 > E_3^0$$

Conclusão: $E_1^0 > E_2^0 > E_3^0$

21. (UCS – RS) Um agricultor, querendo apresentar a dissolução do sulfato de cobre dentro de um tanque de polietileno com água, utilizou, para agitá-la, uma enxada nova de ferro, limpa e sem pintura. Após algum tempo, retirou a enxada da solução e percebeu que ela mudara de cor, ficando avermelhada. A partir disso, conclui-se que houve uma reação química sobre a enxada. Esse processo tem sua explicação no fato de:

a) o íon cobre da solução ter reduzido o ferro da enxada;
b) o ferro da enxada ser mais nobre do que o cobre;
c) o íon ferro ter agido como oxidante;
d) o íon cobre da solução ter oxidado o ferro da enxada;
e) o íon cobre ter agido como redutor.

22. (MACKENZIE – SP) Uma mistura de alumínio e prata, finamente divididos, foi colocada num béquer contendo ácido clorídrico. Observou-se liberação de gás. Consultando a tabela de potenciais-padrão de redução, pode-se afirmar que:

Semiequações	E^0(V)
$Ag^{1+} + e^- \longrightarrow Ag$	+0,80
$Al^{3+} + 3e^- \longrightarrow Al$	−1,66
$2\ H^{1+} + 2e^- \longrightarrow H_2$	0,00
$Cl_2 + 2e^- \longrightarrow 2\ Cl^-$	+1,36

a) dos metais, somente a prata reagiu.
b) foi liberado gás cloro.
c) uma mistura de gases hidrogênio e cloro foi liberada.
d) os dois metais reagiram com o ácido.
e) dos metais, somente o alumínio reagiu.

23. (UFC – CE) O ácido láctico é produzido no organismo humano através de um processo de transferência de elétrons, termodinamicamente espontâneo, envolvendo o ácido pirúvico ($CH_3COCOOH$).

A equação, simplificada, representativa deste processo é:

I. $CH_3COCOOH + H^+ + \mathbf{A} \longrightarrow CH_3CHOHCOOH + \mathbf{B}$
ácido pirúvico — ácido láctico

Dados os potenciais-padrão de redução das seguintes semirreações:

II. $CH_3COCOOH + 2\ H^+ + 2e^- \longrightarrow CH_3CHOHCOOH$
ácido pirúvico — ácido láctico
$E^0 = -190$ mV

III. $NAD^+ + H^+ + 2e^- \longrightarrow NADH$ $E^0 = -320$ mV
(NAD = Nicotina Adenosina Difosfato)

Com base nessas informações, pede-se:

a) identificar as espécies **A** e **B**, na equação de reação I. Justifique.
b) calcular o potencial-padrão da reação I.
c) identificar os agentes oxidante e redutor, na reação I.

24. (ITA – SP) Considere a seguinte sequência ordenada de pares de oxidorredução:

$$Zn(c) \rightleftharpoons 2e^- + Zn^{2+}(aq)$$
$$Fe(c) \rightleftharpoons 2e^- + Fe^{2+}(aq)$$
$$H_2(g) \rightleftharpoons 2e^- + 2\ H^+(aq)$$
$$Cu(c) \rightleftharpoons 2e^- + Cu^{2+}(aq)$$
$$2\ Fe^{2+}(aq) \rightleftharpoons 2e^- + 2\ Fe^{3+}(aq)$$
$$NO_2(g) + H_2O(l) \rightleftharpoons e^- + NO_3^-(aq) + 2\ H^+(aq)$$

Em relação a esta sequência, são feitas as afirmações seguintes, supondo sempre reagentes no seu estado-padrão:

I. O íon ferroso é oxidante frente ao zinco metálico, mas não o é frente ao cobre metálico.
II. Cobre metálico pode ser dissolvido por uma solução de sal férrico.
III. Cobre metálico pode ser atacado por uma solução de ácido nítrico.
IV. Zinco metálico é menos nobre do que ferro metálico.
V. Colocando ferro metálico em excesso dentro de uma solução de sal férrico, acabaremos tendo uma solução de sal ferroso.

Em relação a essas afirmações, podemos dizer que:

a) Todas são certas.
b) Todas são erradas.
c) Só as de números pares são certas.
d) Apenas IV é errada.
e) Apenas II e III são erradas.

25. (UFRJ) São fornecidos os seguintes potenciais de redução, determinados a 25 °C.

$Mg^{2+}(aq) + 2e^- \rightleftharpoons Mg(s)$ $E^0 = -2,4$ V
$Cu^{2+}(aq) + 2e^- \rightleftharpoons Cu(s)$ $E^0 = +0,34$ V

a) Em solução aquosa, é possível obter magnésio metálico por reação de redução de sal do seu cátion com cobre metálico? Justifique a resposta.
b) Escreva a equação da reação química que ocorre em uma pilha que funcione em condições-padrão a 25 °C, baseada nas duas semirreações apresentadas.

26. Considere três frascos existentes em um laboratório de química contendo soluções de íons Cu^{2+}, Zn^{2+}, Pb^{2+}:

As equações abaixo representam as reações químicas possíveis desses íons com os metais chumbo (Pb) e zinco (Zn).

$$Cu^{2+}(aq) + Pb(s) \rightleftharpoons Cu(s) + Pb^{2+}(aq)$$

$$Cu^{2+}(aq) + Zn(s) \rightleftharpoons Cu(s) + Zn^{2+}(aq)$$

$$Pb^{2+}(aq) + Zn(s) \rightleftharpoons Pb(s) + Zn^{2+}(aq)$$

De acordo com a descrição acima, responda qual é a afirmativa incorreta:

a) A solução de Pb^{2+} pode ser armazenada em um recipiente de Cu.
b) A solução de Zn^{2+} pode ser armazenada em um recipiente de Cu.
c) A solução de Zn^{2+} pode ser armazenada em um recipiente de Pb.
d) A solução de Pb^{2+} pode ser armazenada em um recipiente de Zn.
e) A solução de Zn^{2+} pode ser armazenada em um recipiente de Zn.

27. (FATEC – SP) A ilustração refere-se a um experimento em que lâminas metálicas são imersas em soluções de solutos iônicos.

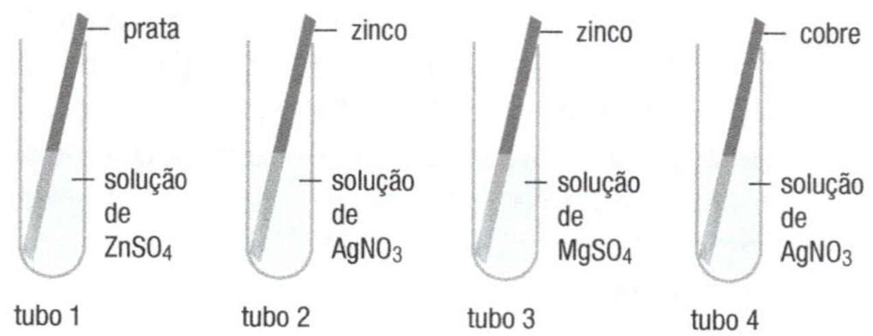

Analisando-se os valores dos E^0 de redução:

$E^0_{Cu^{2+}/Cu} = +0,34$ V $\quad E^0_{Ag^+/Ag} = +0,80$ V
$E^0_{Zn^{2+}/Zn} = -0,76$ V $\quad E^0_{Mg^{2+}/Mg} = -2,37$ V

pode-se concluir que não serão observados sinais de transformação química

a) no tubo 1.
b) nos tubos 2 e 3.
c) no tubo 2.
d) nos tubos 1 e 3.
e) no tubo 4.

28. (FGV) Fontes alternativas de energia têm sido foco de interesse global como a solução viável para crescentes problemas do uso de combustíveis fósseis. Um exemplo é a célula a combustível microbiológica que emprega como combustível a urina. Em seu interior, compostos contidos na urina, como ureia e resíduos de proteínas, são transformados por microrganismos que constituem um biofilme no ânodo de uma célula eletroquímica que produz corrente elétrica.

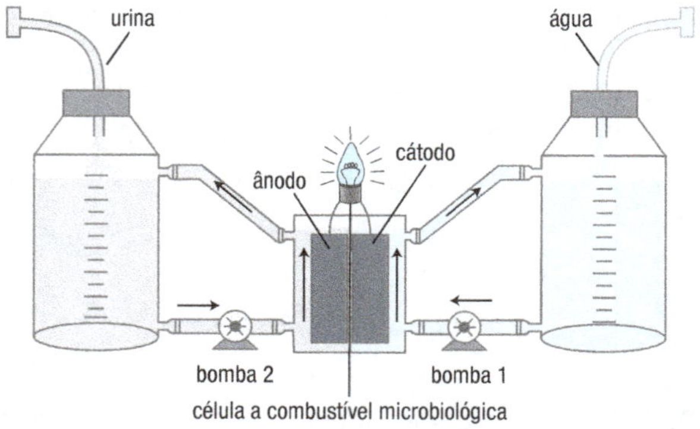

(http://www.rsc.org/chemistryworld/News/2011/October/31101103.asp. Adaptado.)

Sobre essa célula eletroquímica, é correto afirmar que, quando ela entra em operação com a geração de energia elétrica, o biofilme promove a

a) oxidação, os elétrons transitam do ânodo para o cátodo e o cátodo é o polo positivo da célula.
b) oxidação, os elétrons transitam do cátodo para o ânodo, e o cátodo é o polo positivo da célula.
c) oxidação, os elétrons transitam do ânodo para o cátodo, e o cátodo é o polo negativo da célula.
d) redução, os elétrons transitam do ânodo para o cátodo, e o cátodo é o polo positivo da célula.
e) redução, os elétrons transitam do cátodo para o ânodo, e o cátodo é o polo negativo da célula.

29. (CEFET – PR) Pequenos pregos galvanizados têm o poder de descolorir uma solução de iodo/iodeto, mas se adicionarmos uma solução de água sanitária à mistura, a cor da solução de iodo/iodeto reaparece.

parece.

1ª observação:

$Zn^{2+}(aq) + 2e^- \longrightarrow Zn(s)$ $E = -0{,}76$ V

$I_2(aq) + 2e^- \longrightarrow 2\,I^-$ $E = +0{,}54$ V

2ª observação:

$I_2 + 2e^- \longrightarrow 2\,I^-(aq)$ $E = +0{,}54$ V

$ClO^-(aq) + H_2O(l) + 2e^- \longrightarrow Cl^-(aq) + 2\,OH^-(aq)$

$E = +0{,}84$ V

Julgue as afirmativas:

I. Na observação 1 o agente redutor é o iodo.
II. Na observação 1 a cor do iodo desaparece devido à redução do iodo a iodeto.
III. Na observação 2 o íon hipoclorito sofre redução e o iodeto, oxidação.
IV. Na observação 2 os elétrons migram do iodeto para o hipoclorito.

Somente estão corretas:

a) I, II e III.
b) II, III e IV.
c) I, III e IV.
d) I e II.
e) I e III.

30. (UFSCar – SP) Deseja-se armazenar uma solução de $NiCl_2$, cuja concentração é de 1 mol/L a 25 °C, e para isso dispõe-se de recipiente de:

I. cobre;
II. lata comum (revestimento de estanho);
III. ferro galvanizado (revestimento de zinco);
IV. ferro.

Dados os potenciais-padrão de redução:

$Zn^{2+}(aq) + 2e^- \rightleftharpoons Zn(s)$ $-0{,}76$ V

$Fe^{2+}(aq) + 2e^- \rightleftharpoons Fe(s)$ $-0{,}44$ V

$Ni^{2+}(aq) + 2e^- \rightleftharpoons Ni(s)$ $-0{,}25$ V

$Sn^{2+}(aq) + 2e^- \rightleftharpoons Sn(s)$ $-0{,}14$ V

$Cu^{2+}(aq) + 2e^- \rightleftharpoons Cu(s)$ $+0{,}34$ V

a solução de $NiCl_2$ poderá ser armazenada, sem que haja redução dos íons Ni^{2+} da solução, nos recipientes:

a) I e II, apenas.
b) I, II e IV, apenas.
c) III e IV, apenas.
d) I, III e IV, apenas.
e) I, II, III e IV.

31. (FUVEST – SP) Quer se guardar, a 25 °C, uma solução aquosa 1 mol/L de $SnCl_2$. Dispõe-se de recipiente de:

I. ferro;
II. ferro galvanizado (ferro revestido de Zn);
III. lata comum (ferro revestido de Sn);
IV. cobre.

Potenciais-padrão de redução (volt):

$Zn^{2+} + 2e^- \longrightarrow Zn$ $-0{,}76$

$Fe^{2+} + 2e^- \longrightarrow Fe$ $-0{,}44$

$Sn^{2+} + 2e^- \longrightarrow Sn$ $-0{,}14$

$Cu^{2+} + 2e^- \longrightarrow Cu$ $+0{,}34$

Examinando-se a tabela dos potenciais-padrão de redução apresentada, conclui-se que essa solução de $SnCl_2$ pode ser guardada sem reagir com o material do recipiente apenas em:

a) IV. b) I e II. c) III e IV. d) I, II e III. e) I, II e IV.

32. (FATEC – SP) Considere a seguinte tabela, que fornece potenciais-padrão de redução.

Semirreação	E⁰ (V)
$Mg^{2+}(aq) + 2e^- \longrightarrow Mg(s)$	−2,37
$Cr^{3+}(aq) + 3e^- \longrightarrow Cr(s)$	−0,74
$2\,H^+(aq) + 2e^- \longrightarrow H_2(g)$	0,00
$Ag^+(aq) + e^- \longrightarrow Ag(s)$	0,80

Com base nesses dados, considere as seguintes transformações:

I. $H_2(g) + 2\,Ag^+(aq) \longrightarrow 2\,Ag(s) + 2\,H^+(aq)$
II. $2\,Cr(s) + 3\,Mg^{2+}(aq) \longrightarrow 3\,Mg(s) + 2\,Cr^{3+}(aq)$
III. $Mg(s) + 2\,H^+(aq) \longrightarrow Mg^{2+}(aq) + H_2(g)$
IV. $3\,Ag(s) + Cr^{3+}(aq) \longrightarrow 3\,Ag^+(aq) + Cr(s)$

As únicas transformações espontâneas nas condições-padrão são:

a) I e II. b) I e III. c) II e III. d) II e IV. e) III e IV.

33. (UFCE) A aplicação de "ondas pemanentes" nos cabelos femininos (cabelos cacheados) ocorre por uma reação de oxidação da cisteína (R-SH) à cistina (R-S-SR). Do modo contrário, para remover as ondas permanentes dos cabelos, é necessário promover-se uma reação de redução de cistina à cisteína.

$$\text{R-S-S-R} + 2e^- \xrightarrow{2\,H^+} 2\ \text{R-SH} \quad E^0 = -340\ \text{mV}$$

Dados os potenciais de redução das seguintes espécies químicas:

$HSCH_2COONH_4$	$E^0 = -560$ mV
H_2O_2	$E^0 = 1.780$ mV
$KMnO_4$	$E^0 = 1.520$ mV
$Cu(OH)_2$	$E^0 = -360$ mV

Assinale a alternativa que relaciona, respectivamente, os compostos adequados à aplicação de ondas permanentes e à remoção, considerando-se somente o ponto de vista termodinâmico.

a) $Cu(OH)_2$ e $KMnO_4$.
b) $HSCH_2COONH_4$ e $KMnO_4$.
c) H_2O_2 e $HSCH_2COONH_4$.
d) H_2O_2 e $KMnO_4$.
e) HSH_2COONH_4 e $Cu(OH)_2$.

34. (UNICSAL) As pilhas ou células eletroquímicas presentes no nosso cotidiano são utilizadas em brinquedos, equipamentos eletrônicos, relógios etc. São dispositivos que transformam energia química em energia elétrica por meio de reações de oxirredução espontâneas. O esquema representa uma célula eletroquímica.

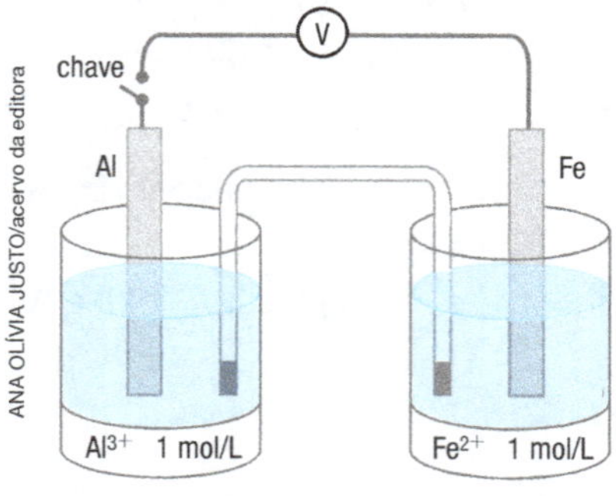

$Al^{+3} + 3e^- \longrightarrow Al \quad E^0 = -1{,}66$ V

$Fe^{2+} + 2e^- \longrightarrow Fe \quad E^0 = -0{,}44$ V

Sobre essa célula, constata-se que

a) o eletrodo de ferro é o ânodo.
b) ao fechar a chave do circuito, o fluxo de elétrons migrará do eletrodo de alumínio para o eletrodo de ferro.
c) a massa do eletrodo de ferro diminui.
d) ao agitar uma solução de $Fe(NO_3)_2$ com uma colher de alumínio, nada acontecerá com a colher.
e) o eletrodo de alumínio é o cátodo.

35. (PUC – SP) **Dado:** Todas as soluções aquosas citadas apresentam concentração 1 mol · L^{-1} do respectivo cátion metálico.

A figura a seguir apresenta esquema da pilha de Daniell:

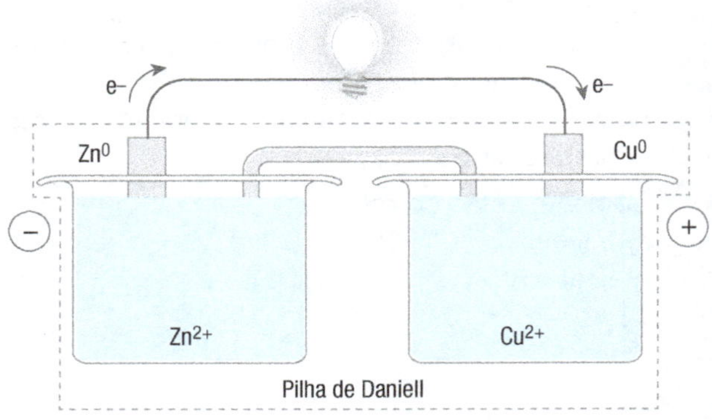

http://quimicasemsegredos.com/eletroquimica pilhas.php

Nessa representação o par Zn/Zn^{2+} é o ânodo da pilha, enquanto que o par Cu^{2+}/Cu é o cátodo. A reação global é representada por:

$Zn(s) + Cu^{2+}(aq) \longrightarrow Zn^{2+}(aq) + Cu(s) \qquad \Delta E = 1{,}10$ V

Ao substituirmos a célula contendo o par Zn/Zn^{2+} por Al/Al^{3+}, teremos a equação

$2\ Al(s) + 3\ Cu^{2+}(aq) \longrightarrow 2\ Al^{3+}(aq) + 3\ Cu(s) \qquad \Delta E = 2{,}00$ V

Uma pilha utilizando as células Al/Al^{3+} e Zn/Zn^{2+} é melhor descrita por

	ânodo	**cátodo**	**ΔE(V)**
a)	Zn/Zn^{2+}	Al^{3+}/Al	3,10
b)	Zn/Zn^{2+}	Al^{3+}/Al	0,90
c)	Al/Al^{3+}	Zn^{2+}/Zn	3,10
d)	Al/Al^{3+}	Zn^{2+}/Zn	1,55
e)	Al/Al^{3+}	Zn^{2+}/Zn	0,90

36. (PUC – SP) **Dados:** Tabela de potenciais padrão de redução (E^0_{red})

Semirreação	E^0_{red} (V)
$Zn^{2+}(aq) + 2e^- \rightleftarrows Zn(s)$	−0,76
$Fe^{2+}(aq) + 2e^- \rightleftarrows Fe(s)$	−0,44
$Cd^{2+}(aq) + 2e^- \rightleftarrows Cd(s)$	−0,40
$Co^{2+}(aq) + 2e^- \rightleftarrows Co(s)$	−0,28
$Sn^{2+}(aq) + 2e^- \rightleftarrows Sn(s)$	−0,14
$Pb^{2+}(aq) + 2e^- \rightleftarrows Pb(s)$	−0,13
$2\ H^{+}(aq) + 2e^- \rightleftarrows H_2(s)$	0,00
$Cu^{2+}(aq) + 2e^- \rightleftarrows Cu(s)$	+0,34
$Ag^{+}(aq) + 2e^- \rightleftarrows Ag(s)$	+0,80

Foram realizadas as seguintes observações experimentais a respeito da reatividade dos metais:

- O metal crômio (Cr) reage com solução aquosa contendo ferro (II), formando cátions crômio (III) em solução e ferro metálico.
- Ferro metálico (Fe) reage com solução contendo cátions níquel (II), formando níquel metálico (Ni) e cátions ferro (II).
- O metal cobre (Cu) não reage com solução contendo íons níquel (II).

Analisando a tabela de potenciais padrão de redução e os dados experimentais fornecidos, conclui-se que os melhores valores para os potenciais padrão de redução dos pares Cr^{3+}/Cr e Ni^{2+}/Ni são

a) $E^0_{red}(Cr^{3+}/Cr) = +0,60$ V; $E^0_{red}(Ni^{2+}/Ni) = +0,20$ V.

b) $E^0_{red}(Cr^{3+}/Cr) = -0,30$ V; $E^0_{red}(Ni^{2+}/Ni) = -0,25$ V.

c) $E^0_{red}(Cr^{3+}/Cr) = -0,74$ V; $E^0_{red}(Ni^{2+}/Ni) = -0,50$ V.

d) $E^0_{red}(Cr^{3+}/Cr) = -0,30$ V; $E^0_{red}(Ni^{2+}/Ni) = +0,50$ V.

e) $E^0_{red}(Cr^{3+}/Cr) = -0,74$ V; $E^0_{red}(Ni^{2+}/Ni) = -0,25$ V.

37. (UNIFESP) As vitaminas C e E, cujas formas estruturais são apresentadas a seguir, são consideradas antioxidantes, pois impedem que outras substâncias sofram destruição oxidativa, oxidando-se em seu lugar. Por isso, são muito utilizadas na preservação de alimentos.

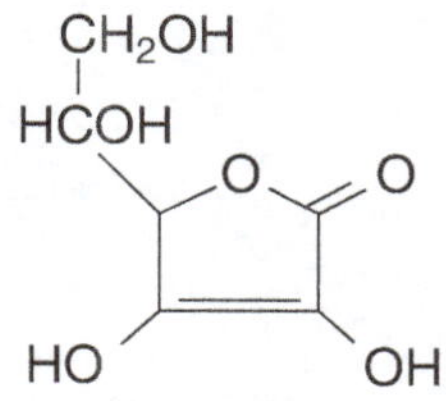

vitamina C

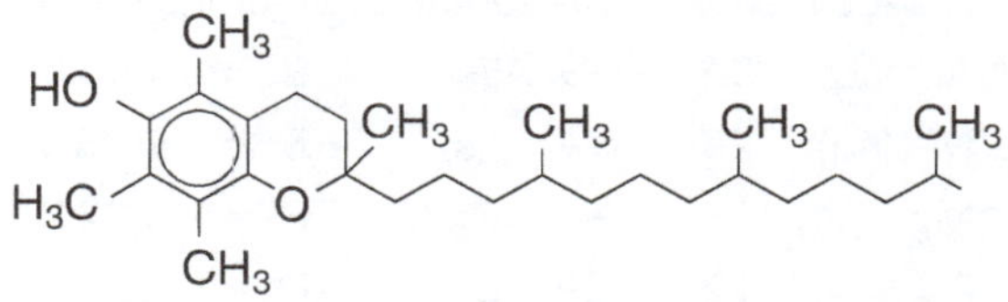

vitamina E

A vitamina E impede que as moléculas de lipídios sofram oxidação dentro das membranas da célula, oxidando-se em seu lugar. A sua forma oxidada, por sua vez, é reduzida na superfície da membrana por outros agentes redutores, como a vitamina C, a qual apresenta, portanto, a capacidade de regenerar a vitamina E.

a) Explique, considerando as fórmulas estruturais, por que a vitamina E é um antioxidante adequado na preservação de óleos e gorduras (por exemplo, a margarina), mas não o é para sucos concentrados de frutas.

b) Com base no texto, responda e justifique:
Qual das duas semirreações seguintes, I ou II, deve apresentar maior potencial de redução?

I. Vit. C (oxidada) + $ne^- \rightleftarrows$ Vit. C
II. Vit. E (oxidada) + $ne^- \rightleftarrows$ Vit. E

Qual vitamina, C ou E, é melhor antioxidante (redutor)?

38. (UEMG) Pilhas são dispositivos que produzem corrente elétrica, explorando as diferentes capacidades das espécies de perderem ou de ganharem elétrons. A figura abaixo mostra a montagem de uma dessas pilhas:

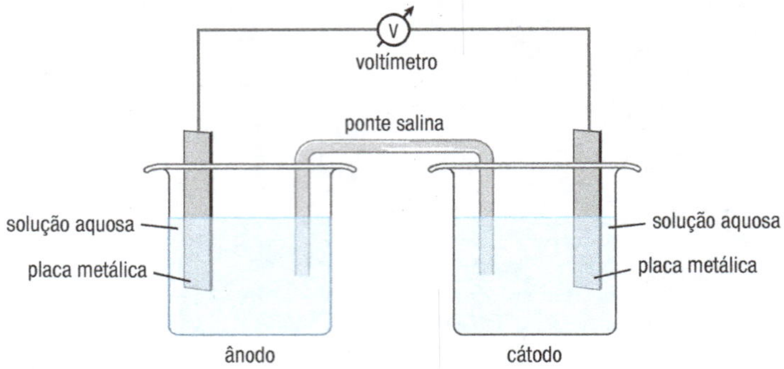

A seguir, estão representadas algumas semirreações e seus respectivos potenciais de redução, a 25 °C:

$Al^{3+}(aq) + 3e^- \longrightarrow Al(s)$ $E^0 = -1,66\ V$

$Ni^{2+}(aq) + 2e^- \longrightarrow Ni(s)$ $E^0 = -0,25\ V$

$Mg^{+2}(aq) + 2e^- \longrightarrow Mg(s)$ $E^0 = -2,37\ V$

$Fe^{+2}(aq) + 2e^- \longrightarrow Fe(s)$ $E^0 = -0,44\ V$

A pilha de maior diferença de potencial (ddp) pode ser constituída no ânodo e no cátodo, respectivamente, pelos eletrodos de

a) alumínio e magnésio.

b) magnésio e níquel.

c) alumínio e ferro.

d) ferro e níquel.

Exercícios Série Platina

1. (UNICAMP – SP) A festa já estava para teminar, mas nenhum dos convidados sabia o motivo dela... Sobre o balcão, Dina pousou nove copos, com diferentes soluções e nelas colocou pequenos pedaços dos metais cobre, prata e ferro, todos recentemente polidos, como mostra o desenho na situação inicial:

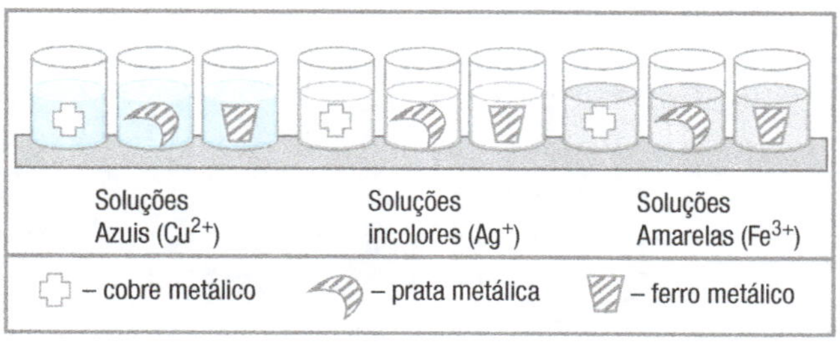

"Para que a festa seja completa e vocês tenham mais uma pista do motivo da comemoração, respondam às perguntas", bradava Dina, eufórica, aos interessados:

a) "Em todos os casos onde há reação, um metal se deposita sobre o outro enquanto parte desse último vai para a solução. Numa das combinações, a cor do depósito não ficou muito diferente da cor do metal antes de ocorrer a deposição. Qual é o símbolo químico do metal que se depositou nesse caso? Justifique usando seus conhecimentos de química e os dados da tabela fornecidas".

b) "A solução que mais vezes reagiu tornou-se azulada, numa das combinações. Que solução foi essa? Qual a equação química da reação que aí ocorreu?"

Dados:

Par	Potencial padrão de redução/volts
Cu^{2+}/Cu^0	+0,34
Fe^3/Fe^0	−0,04
Ag^+/Ag^0	+0,80

2. (FUVEST – SP – adaptada) Dadas as semirreações:

$$Ni^{2+} + 2e^- \longrightarrow Ni$$
$$Cu^{2+} + 2e^- \longrightarrow Cu$$

a) Monte a pilha formada pelos eletrodos de níquel (polo negativo) e de cobre (polo positivo), indicando o fluxo de elétrons pelo fio, ânodo e o cátodo.

b) Escreva a equação química global da pilha.

c) O que acontece com as concentrações de Ni^{2+} e Cu^{2+} durante o funcionamento da pilha? Explique.

d) Explique a função da ponte salina.

e) Os dados da tabela a seguir sugerem que o princípio de Le Chatelier se aplica à reação química que acontece nessa pilha. Explique por que.

Experimento	$[Ni^{2+}]$/mol · L^{-1}	$[Cu^{2+}]$/mol · L^{-1}	Diferença de Potencial Elétrico (E)/V
A	0,1	1,0	0,62
B	1,0	1,0	0,59
C	1,0	0,1	0,56

Resolução:

a)

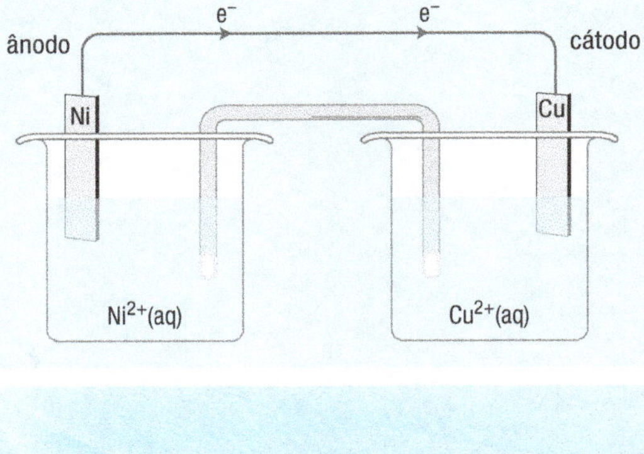

b) $Ni + Cu^{2+} \longrightarrow Ni^{2+} + Cu$

c) $[Cu^{2+}]$ diminui $[Ni^{2+}]$ aumenta

d) Manter a neutralidade das soluções.

e) B ⟶ A Deslocamento para a direita, $[Ni^{2+}]$ diminui. (ΔE aumenta)

e) B ⟶ C Deslocamento para esquerda, $[Cu^{2+}]$ diminui. (ΔE diminui)

3. (ENEM) A calda bordalesa é uma alternativa empregada no combate a doenças que afetam folhas de plantas. Sua produção consiste na mistura de uma solução aquosa de sulfato de cobre (II), $CuSO_4$, com óxido de cálcio, CaO, e sua aplicação só deve ser realizada se estiver levemente básica. A avaliação rudimentar da basicidade dessa solução é realizada pela adição de três gotas sobre uma faca de ferro limpa. Após três minutos, caso surja uma mancha avermelhada no local da aplicação, afirma-se que a calda bordalesa ainda não está com a basicidade necessária. O quadro apresenta os valores de potenciais-padrão de redução (E^0) para algumas semirreações de redução.

Semirreação de redução	E^0 (V)
$Ca^{2+} + 2e^- \longrightarrow Ca$	−2,87
$Fe^{3+} + 3e^- \longrightarrow Fe$	−0,04
$Cu^{2+} + 2e^- \longrightarrow Cu$	+0,34
$Cu^+ + e^- \longrightarrow Cu$	+0,52
$Fe^{3+} + e^- \longrightarrow Fe^{2+}$	+0,77

MOTTA, L. S. **Calda bordalesa:** utilidades e preparo. Dourados: Embrapa, 2008 (adaptado).

A equação química que representa a reação de formação da mancha avermelhada é:

a) $Ca^{2+}(aq) + 2\ Cu^+(aq) \longrightarrow Ca(s) + 2\ Cu^{2+}(aq)$

b) $Ca^{2+}(aq) + 2\ Fe^{2+}(aq) \longrightarrow Ca(s) + 2\ Fe^{3+}(aq)$

c) $Cu^{2+}(aq) + 2\ Fe^{2+}(aq) \longrightarrow Cu(s) + 2\ Fe^{3+}(aq)$

d) $3\ Ca^{2+}(aq) + 2\ Fe(s) \longrightarrow 3\ Ca(s) + 2\ Fe^{3+}(aq)$

e) $3\ Cu^{2+}(aq) + 2\ Fe(s) \longrightarrow 3\ Cu(s) + 2\ Fe^{3+}(aq)$

4. (UNESP) Uma das vantagens da utilização de reagentes oxidantes na purificação da água, comparando com outros tipos de tratamento, é que os produtos da oxidação química de compostos orgânicos são apenas o dióxido de carbono e a água. Na tabela a seguir são listados alguns agentes oxidantes com seus potenciais-padrão de redução.

Agente oxidante	Potencial-padrão de redução (em meio ácido) – E^0 (V)
Cl_2	1,36
H_2O_2	1,78
OCl^-	1,63
MnO_4^-	1,51
O_3	2,07

Considerando apenas os parâmetros termodinâmicos apresentados,

a) forneça o nome do agente que é menos eficiente para a oxidação de material orgânico (justifique sua resposta).

b) escreva a equação que representa a semirreação de redução desse agente.

5. (PUC – RJ) Conhecendo-se as semirreações da pilha seca (pilha de Leclanché) e seus respectivos potenciais de redução:

$Zn^{2+}(aq) + 2e^- \longrightarrow Zn(s)$ $E^0 = -0,76$ V

$2\ NH_4^+(aq) + 2\ MnO_2(s) + 2e^- \longrightarrow$

$\longrightarrow Mn_2O_3(s) + H_2O(l) + 2\ NH_3(aq)$ $E^0 = +0,74$ V

Faça o que se pede:

a) Escreva a equação da semirreação que ocorre no ânodo da pilha.

b) Escreva a equação da reação global da pilha seca e calcule a sua diferença de potencial (ΔE^0).

c) Considerando a estequiometria da reação global da pilha, cacule a quantidade máxima, em grama, de Mn_2O_3 que pode ser obtida a partir de 0,04 mol de MnO_2.

Dados: Mn = 55, O = 16.

6. Dispondo de duas placas de zinco, duas de estanho, duas de prata e soluções correspondentes, um pesquisador construiu três pilhas diferentes que foram empregadas na montagem de uma bateria.

Utilizando os potenciais de redução apresentados:

$Zn^{2+} + 2e^- \longrightarrow Zn$ $E^0 = -0,76$ V

$Sn^{2+} + 2e^- \longrightarrow Sn$ $E^0 = -0,14$ V

$Ag^+ + e^- \longrightarrow Ag$ $E^0 = +0,80$ V

Determine:

a) a ddp das pilhas formadas pelos pares: Zn e Sn, Zn e Ag, Sn e Ag;

b) a ddp da bateria construída com essas 3 pilhas conectadas em série.

7. (FUVEST – SP) Com base nas seguintes equações de semirreações e dados os respectivos potenciais-padrão de redução,

Semirreações	E^0 (volt)
$H_2O(l) + e^- \rightleftarrows 1/2\ H_2(g) + OH^-(aq)$	–0,83
$Al(OH)_4^-(aq) + 3e^- \rightleftarrows Al(s) + 4\ OH^-(aq)$	–2,33
$Cu(OH)_2(s) + 2e^- \rightleftarrows Cu(s) + 2\ OH^-(aq)$	–0,22

Responda:

a) Objetos de alumínio e objetos de cobre podem ser lavados com solução aquosa alcalina sem que ocorra a corrosão do metal? Justifique, formulando as equações químicas adequadas.

b) Qual dos metais, cobre ou alumínio, é melhor redutor em meio alcalino? Explique.

Capítulo 4

Corrosão e Pilhas Comerciais

1. Conceito de corrosão

A corrosão é uma **oxidação natural** que ocorre na superfície de um metal em contato com o ar. Esse fenômeno provoca alteração na superfície metálica.

corrosão

↓ ar

metal: M

$M \longrightarrow M^{x+} + e^-$

A maioria dos metais se oxida na presença de ar, e tal processo pode ser explicado pelo fato dos cátions metálicos possuírem menor potencial de redução que o oxigênio.

$$\frac{1}{2}O_2 + H_2O + 2e^- \longrightarrow 2\,OH^- \qquad E^0 = 0{,}40\ V$$

$$M^{x+} + e^- \longrightarrow M \qquad E^0 < +0{,}40\ V$$

(exceto Au, Pt)

Com exceção do Au e Pt, todos os metais que encontramos em nosso cotidiano sofrem corrosão com maior ou menor intensidade.

2. Corrosão do cobre

O cobre e algumas de suas ligas em contato com ar úmido e CO_2 são recobertos por uma camada esverdeada chamada de azinhavre. A equação química do processo é:

$$2\,Cu + O_2 + H_2O + CO_2 \longrightarrow \underbrace{Cu(OH)_2 + CuCO_3}_{\text{azinhavre}}$$

Essa camada esverdeada pode ser removida usando uma solução diluída de um ácido fraco por exemplo, vinagre.

3. Corrosão do alumínio

A corrosão do alumínio não é muito intensa devido à formação de uma película protetora (espessura da ordem de 10^{-5} mm) de Al_2O_3. Esta película previne a penetração de, por exemplo, água e íons de hidrogênio, que podem levar à corrosão do alumínio

$$4\,Al + 3\,O_2 \longrightarrow \underset{\text{película protetora}}{2\,Al_2O_3}$$

Os íons cloreto provenientes, por exemplo, da maresia (ambiente marinho) dificultam a formação da película Al_2O_3, pois os íons Al^{3+} são atraídos pelos íons Cl^- formando $AlCl_3$. Nesses locais ocorre a oxidação do alumínio, o que acelera o seu processo de corrosão.

4. Corrosão da prata

As manchas escuras que se formam sobre objetos de prata são, geralmente, películas de sulfeto de prata (Ag_2S) formadas na reação da prata com H_2S e que são encontrados em certos alimentos (ovo, cebola) e o ar. A equação química do processo é:

$$Ag + H_2S + \frac{1}{2}O_2 \longrightarrow Ag_2S + H_2O$$

cebola, ovo, ar — mancha escura

Para limpar a prata, coloca-se o objeto escurecido para ferver em uma panela de alumínio com água e detergente. O detergente retira a gordura da mancha e da panela, facilitando a reação do alumínio da panela com Ag_2S, regenerando a prata, com seu brilho característico. As semiequações envolvidas são:

$$Al \longrightarrow Al^{3+} + 3e^- \qquad (\times 2)$$

$$Ag_2S + 2e^- \longrightarrow 2\,Ag + S^{2-} \qquad (\times 3)$$

A equação global

$$2\,Al + 3\,Ag_2S \longrightarrow 6\,Ag + Al_2S_3$$

5. Corrosão do ferro

O ferro sofre corrosão na presença de O_2 e H_2O. O sólido formado é chamado de ferrugem. Vamos exemplificar com uma esponja de lã de aço (Fe + C).

Experimento	Condições	Oxidação da esponja
1	esponja seca, em contato com ar seco	não
2	esponja seca, em contato com o ar úmido	sim
3	esponja mergulhada em água	sim

Conclusão: a formação de ferrugem necessita tanto de O_2 como de H_2O.

Equação geral: $2\,Fe + \frac{3}{2}O_2 + x\,H_2O \longrightarrow Fe_2O_3.x\,H_2O$

5.1 Mecanismo da corrosão

Vamos considerar um pedaço de ferro em contato com O_2 e uma gota de água. No pedaço de ferro teremos uma região onde vai ocorrer a oxidação e outra região onde vai ocorrer a redução.

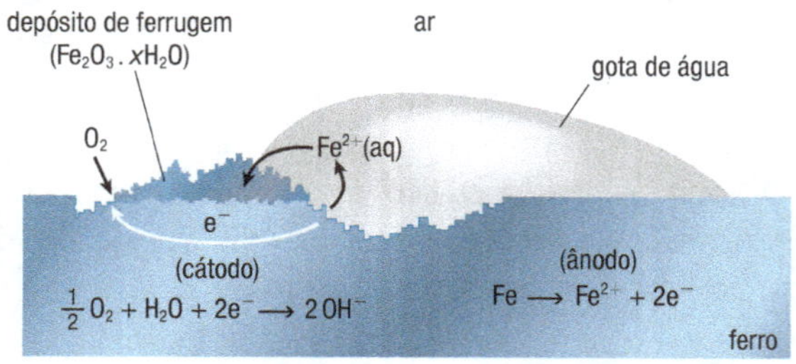

Corrosão do ferro em contato com a água.

- Uma região da superfície do metal (dentro da gota) serve de ânodo, onde ocorre a oxidação representada por:

$$\underset{}{Fe(s)} \longrightarrow \underset{\text{gota}}{Fe^{2+}(aq)} + \underset{\text{metal}}{2e^-}$$

Esse processo resulta na formação de pequenos buracos na superfície do ferro.

- Uma outra região (provavelmente contendo outros metais), que serve de cátodo, onde os elétrons cedidos pelo ferro reduzem o O_2 atmosférico, representada por:

$$\frac{1}{2} O_2(g) + 2e^- + H_2O(l) \longrightarrow 2\,OH^-(aq)$$

Essa semirreação ocorre na periferia da gota, pois a concentração de O_2 é maior.

- Os íons Fe^{2+} que estão dissolvidos na gota se encontram com os íons OH^- produzindo $Fe(OH)_2(s)$:

$$Fe^{2+}(aq) + 2\,OH^-(aq) \longrightarrow Fe(OH)_2(s)$$

Concluímos que:

ânodo: $Fe(s) \longrightarrow Fe^{2+}(aq) + 2e^-$

cátodo: $\frac{1}{2} O_2 + 2e^- + H_2O(l) \longrightarrow 2\,OH^-(aq)$

$$Fe(s) + \frac{1}{2} O_2 + H_2O(l) \longrightarrow Fe(OH)_2(s)$$

Uma parte de $Fe(OH)_2$ é oxidada a $Fe(OH)_3$.

$$2\,Fe(OH)_2(s) + \frac{1}{2} O_2(g) + H_2O(l) \longrightarrow 2\,Fe(OH)_3(s)$$

A ferrugem é uma mistura de $Fe(OH)_2$ e $Fe(OH)_3$ que é formada na superfície do ferro. A ferrugem é um sólido poroso que não fica grudado na superfície do ferro, deixando o ferro novamente sujeito a oxidação.

Quando a quantidade de água é desprezível podemos representar a oxidação do $Fe(OH)_2$ da seguinte maneira:

$$2\,Fe(OH)_2(s) + \frac{1}{2} O_2(g) \longrightarrow \underset{\text{preto}}{Fe_2O_3.H_2O(s)} + H_2O(l)$$

5.2 Fatores que aceleram a ferrugem

- A presença, no ar, de CO_2, SO_2, SO_3 e outras substâncias ácidas acelera a corrosão, pois deslocam a reação catódica para a direita. A corrosão é também acelerada por várias bactérias que tornam mais ácido o meio.

$$\text{cátodo}: \frac{1}{2} O_2 + 2e^- + H_2O \longrightarrow 2\,OH^-$$

Em meio ácido, a redução do O_2 será mais intensa.

- Nas regiões litorâneas, a gota de água contém sais dissolvidos (principalmente NaCl) que aceleram a formação da ferrugem.

Como o processo de corrosão corresponde a uma pilha, o NaCl dissolvido atua como uma solução de ponte salina, isto é, os cátions Na^+ se dirigem ao cátodo e os ânions Cl^- se dirigem ao ânodo, constituindo a corrente iônica.

5.3 Diferença entre corrosão do ferro e alumínio

A corrosão do alumínio forma Al_2O_3, que é uma película fina que fica aderida à superfície do metal evitando a oxidação do alumínio.

$4\,Al + 3\,O_2 \longrightarrow 2\,Al_2O_3$ (composto iônico) película aderente (pó fino que preenche os poros do metal)

A corrosão do ferro forma a ferrugem que não fica na superfície do metal, ou seja, a ferrugem (mistura de $Fe(OH)_2$, $Fe(OH)_3$) não preenche os poros do ferro.

5.4 Como evitar a ferrugem?

5.4.1 Camada de tinta

Em portões e grades de ferro é usual lixar o metal (para eliminar a ferrugem formada) e aplicar, em seguida, uma ou mais demãos de tinta à base de zarcão (Pb_3O_4) que impede o ferro de ficar exposto ao ar e à água.

5.4.2 Ferro galvanizado

Chapas de aço podem ser protegidas por uma película de zinco, dando origem às chamadas chapas galvanizadas. Essa película é obtida mergulhando-se a chapa de aço em zinco derretido.

5.4.3 Lata comum

A lata comum, por exemplo, lata de conserva, é protegida por uma película de estanho (folha de Flandres) que impede o ferro de ficar exposto ao ar e à água.

Se a lata é riscada ou amassada a parte do revestimento de estanho se perde, o ferro exposto ao ar se oxida, sofrendo corrosão rapidamente.

Observando os potenciais-padrão:

$$Fe^{2+} + 2e^- \longrightarrow Fe \qquad E^0 = -0{,}44\ V$$

$$Sn^{2+} + 2e^- \longrightarrow Sn \qquad E^0 = -0{,}14\ V$$

A oxidação do ferro é mais intensa que a do estanho, portanto, haverá corrosão do ferro.

5.4.4 Metal de sacrifício

Para retardar a corrosão do ferro ou do aço em canalizações de água, oleodutos, cascos de navios, tanques subterrâneos de combustíveis, etc. é costume ligar, a essas estruturas, blocos de outro metal mais reativo do que o ferro, como o magnésio, o zinco etc. Esses metais tem um poder de oxidação maior do que o do ferro, portanto, dificultam a corrosão do ferro.

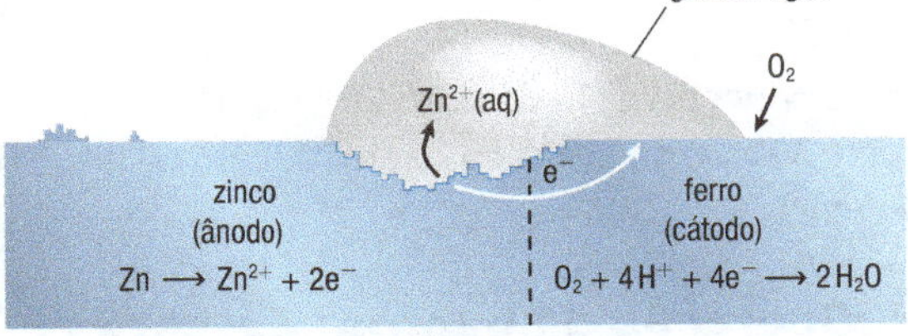

Proteção catódica do ferro em contato com o zinco.

$$Zn \longrightarrow Zn^{2+} + 2e^- \text{ mais intensa}$$

$$Fe \longrightarrow Fe^{2+} + 2e^- \text{ menos intensa}$$

O ferro funciona como cátodo no qual O_2 do ar é reduzido:

$$\frac{1}{2} O_2 + 2\,H^+ + 2e^- \longrightarrow H_2O$$

6. Pilha seca comum ou pilha de Leclanché ou pilha ácida

Inventada pelo francês George Leclanché por volta de 1865, ficou conhecida como "pilha seca" porque o meio eletrolítico nela presente não é simplesmente uma solução, mas uma pasta úmida contendo íons dissolvidos. Um corte da pilha é montado a seguir.

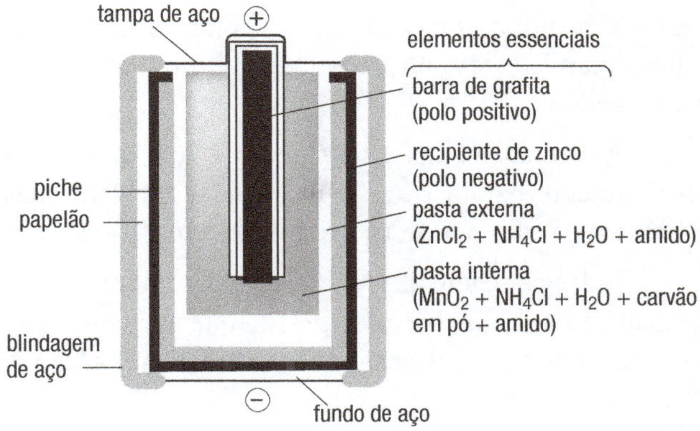

O recipiente de zinco é o local onde ocorre oxidação (ânodo). No meio da pilha temos uma barra de grafita que vai receber os elétrons provenientes da oxidação do zinco.

A pasta interna contém MnO_2 (sofre redução na barra de grafita, NH_4Cl (cátion NH_4^+ participa na semirreação de redução), H_2O (aumenta a mobilidade dos íons), carvão em pó (aumenta a condutividade elétrica) e amido (aglutinante).

A pasta externa contém $ZnCl_2$ (para retirar NH_3 formado ao redor da barra de grafita), NH_4Cl (repõe NH_4Cl na pasta interna), H_2O (aumenta a mobilidade dos íons) e amido (aglutinante).

As semirreações que ocorrem na pilha seca são, provavelmente:

Oxidação	**Redução**
$Zn \longrightarrow Zn^{2+} + 2e^-$	$2\,MnO_2 \longrightarrow Mn_2O_3$
	$2\,MnO_2 \longrightarrow Mn_2O_3 + H_2O$
	$2\,MnO_2 + 2e^- \longrightarrow Mn_2O_3 + H_2O$
	$2\,MnO_2 + 2\,NH_4^+ + 2e^- \longrightarrow$
	$\longrightarrow Mn_2O_3 + H_2O + 2\,NH_3$

$$Zn \longrightarrow Zn^{2+} + 2e^-$$

$$2\,MnO_2 + 2\,NH_4^+ + 2e^- \longrightarrow Mn_2O_3 + H_2O + 2\,NH_3$$

$$\overline{Zn + 2\,MnO_2 + 2\,NH_4^+ \longrightarrow Zn^{2+} + Mn_2O_3 + H_2O + 2\,NH_3}$$

A pilha cessará o seu funcionamento, quando o MnO_2 for totalmente consumido.

Após longo período de uso da pilha seca, o NH_3 formado ao redor da barra de grafita age como uma camada de isolante, o que acarreta uma drástica redução da voltagem. A função do $ZnCl_2$ é retirar o NH_3.

$$Zn^{2+} + 6\,NH_3 \longrightarrow [\,Zn(NH_3)_6\,]^{2+}$$

hexaminzinco

A presença de NH_4Cl e $ZnCl_2$ tornam a pasta ácida devido a hidrólise do NH_4^+ e do Zn^{2+}. Se a pasta ácida corroer o recipiente de Zn haverá vazamento, podendo danificar o aparelho em que a pilha está sendo usada, portanto, mesmo não estando totalmente descarregadas, as pilhas secas devem ser removidas dos aparelhos quando estes não forem usados durante períodos prolongados.

A vantagem das pilhas secas é que, por serem relativamente baratas, são muito usadas em lanternas, aparelhos de som portáteis, brinquedos etc.

A desvantagem das pilhas secas é a amônia gasosa formada ao redor da barra de grafita que age como uma camada isolante, o que acarreta uma drástica redução da voltagem.

7. Pilha alcalina

A pilha alcalina é um aprimoramento da pilha de Leclanché, onde a pasta de NH_4Cl e $ZnCl_2$ é substituída por KOH.

O ânodo também é feito de zinco metálico, que se oxida a íons zinco. O cátodo envolve a redução do MnO_2.

Oxidação	**Redução**
$Zn \longrightarrow Zn^{2+} + 2e^-$	$2\,MnO_2 \longrightarrow Mn_2O_3$
	$2\,MnO_2 \longrightarrow Mn_2O_3 + H_2O$
	$2\,MnO_2 + 2\,H^+ \longrightarrow Mn_2O_3 + H_2O$
	$2\,MnO_2 + 2\,H^+ + 2e^- \longrightarrow$ $\longrightarrow Mn_2O_3 + H_2O$
	$2\,MnO_2 + 2\,H^+ + 2\,OH^- + 2e^- \longrightarrow$ $\longrightarrow Mn_2O_3 + H_2O + 2\,OH^-$
	$2\,MnO_2 + H_2O + 2e^- \longrightarrow$ $\longrightarrow Mn_2O_3 + 2\,OH^-$

oxidação: $Zn \longrightarrow Zn^{2+} + 2e^-$

redução: $2\,MnO_2 + H_2O + 2e^- \longrightarrow Mn_2O_3 + 2\,OH^-$

equação global: $Zn + 2\,MnO_2 + H_2O \longrightarrow$
$\longrightarrow Zn^{2+} + Mn_2O_3 + 2\,OH^-$

As principais vantagens da pilha alcalina em relação à pilha seca são:

- não se forma a camada isolante de amônia ao redor da barra de grafita. Assim, sua voltagem não cai tão violentamente.
- a vida média é 5 a 8 vezes maior que a da pilha seca porque o zinco não fica muito tempo exposto ao meio ácido da pasta, causado pelos íons NH_4^+ (do NH_4Cl).

A desvantagem em relação à pilha seca é que a pilha alcalina é mais cara.

8. Bateria de chumbo ou bateria de carro ou acumulador

8.1 Aplicação – constituição

O nome bateria indica um conjunto de pilhas ligadas em série. A bateria chumbo/ácido é utilizada na geração de energia elétrica para automóveis.

A bateria de automóvel é uma associação de três ou seis pilhas. Veremos que cada pilha tem aproximadamente 2 V de potencial.

Assim, a bateria terá voltagem de 6 V ou 12 V. A seguir mostramos o esquema da bateria.

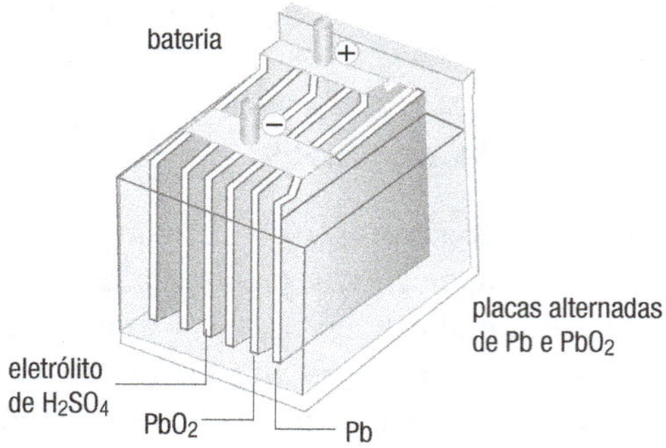

É uma **pilha** constituída por **ânodo de Pb** e um **cátodo de PbO_2**, ambos **mergulhados** em solução aquosa de H_2SO_4.

A **concentração** do ácido corresponde a aproximadamente **30% em massa**, equivalente a uma densidade de **1,28 g/cm³**.

8.2 Operação da bateria: descarga

Quando a bateria de automóvel está funcionando dizemos que ela está sofrendo uma descarga e as semirreações são:

ânodo (−): $Pb + SO_4^{2-} \longrightarrow PbSO_4 + 2e^-$ $E^0 = 0{,}35\ V$

cátodo (+): $PbO_2 + 4\,H^+ + SO_4^{2-} + 2e^- \longrightarrow$
$\longrightarrow PbSO_4 + 2\,H_2O$ $E^0 = 1{,}69\ V$

equação global: $Pb + PbO_2 + 4\,H^+ + 2\,SO_4^{2-} \xrightarrow{\text{descarga}}$
$\xrightarrow{\text{descarga}} 2\,PbSO_4 + 2\,H_2O$
$\Delta E^0 = 2{,}04\ V$

Observe que em ambos os eletrodos temos a formação de $PbSO_4$. Podemos representar a equação global:

$$Pb + PbO_2 + 2\,H_2SO_4 \xrightarrow{\text{descarga}} 2\,PbSO_4 + 2\,H_2O.$$

8.3 Variação da densidade na descarga

Observa-se que o H_2SO_4 é consumido durante a descarga da bateria e, por isso, a densidade da solução da bateria diminui.

Para se verificar se a bateria ainda tem carga suficiente, mede-se a densidade da solução utilizando um densímetro. Quando a densidade está abaixo de 1,20 g/cm^3, a bateria está sem carga suficiente.

8.4 Recarga da bateria de um automóvel

Em um automóvel a energia necessária para recarregar a bateria é fornecida por um alternador.

O alternador transforma a energia cinética do motor em uma corrente alternada, que é convertida em corrente contínua por um retificador.

Esta corrente deve ter tensão maior que 12 V para que a bateria possa ser recarregada e para que a parte elétrica seja também alimentada.

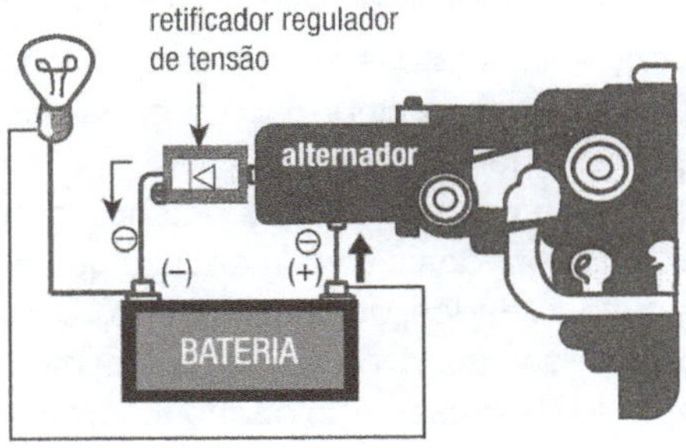

A recarga é possível porque $PbSO_4$ formado durante a descarga adere aos eletrodos. À medida que a fonte externa força os elétrons de um eletrodo para o outro, o $PbSO_4$ é convertido em Pb em um eletrodo e PbO_2 no outro. O esquema da recarga:

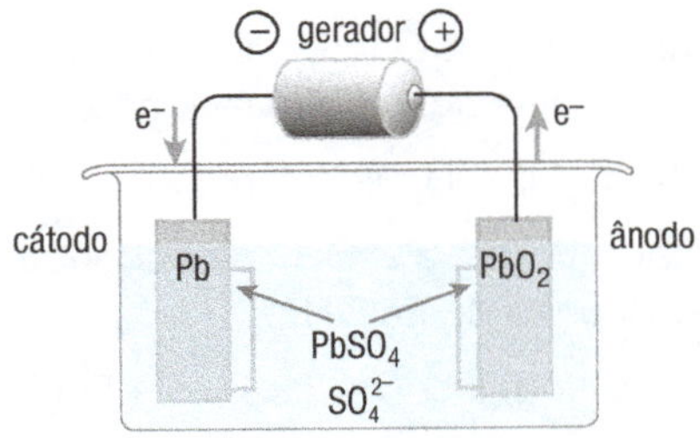

A equação global será inversa da descarga.

$$2\,PbSO_4 + 2\,H_2O \xrightarrow{\text{carga}} Pb + PbO_2 + 2\,H_2SO_4$$

9. Células a combustível

A célula a combustível produz corrente elétrica através de uma reação de combustão.

Exemplos:

$$H_2 + \frac{1}{2}O_2 \longrightarrow H_2O$$

$$CH_4 + 2\,O_2 \longrightarrow CO_2 + 2\,H_2O$$

$$CH_3OH + \frac{3}{2}O_2 \longrightarrow CO_2 + 2\,H_2O$$

Numa célula a combustível, os agentes redutor e oxidante são fornecidos continuamente. A grande vantagem da célula a combustível é seu funcionamento contínuo.

A figura a seguir mostra o esquema de funcionamento de uma célula a combustível, usando o gás hidrogênio e o gás oxigênio em meio alcalino.

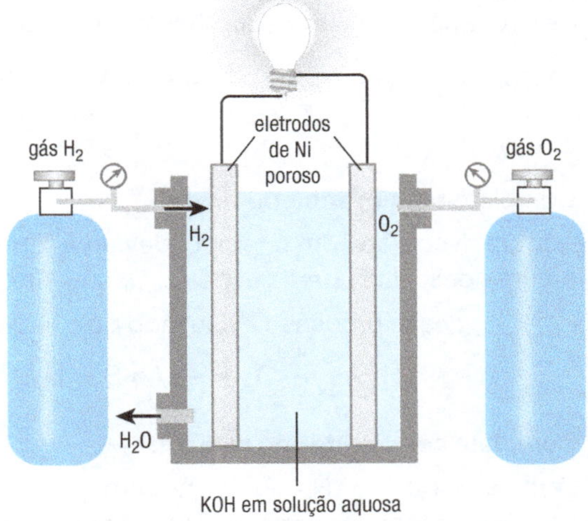

O funcionamento da célula (pilha) ocorre quando o hidrogênio (cilindro da esquerda) é forçado a passar pelo eletrodo de níquel poroso (catalisador), onde reage com o íon OH^{1-}(aq) fornecido pelo hidróxido de potássio, formando água de acordo com a reação:

$$H_2(g) + 2\,OH^{1-}(aq) \longrightarrow 2\,H_2O(l) + 2e^-$$

O eletrodo de Ni poroso catalisa a redução do O_2 fornecido pelo cilindro da direita, de acordo com a semirreação:

$$\frac{1}{2}O_2(g) + 1\,H_2O(l) + 2e^- \longrightarrow 2\,OH^{1-}(aq)$$

Dessa forma a reação global da pilha é a reação do hidrogênio com o oxigênio para formar água.

ânodo: $H_2 + 2\,OH^- \longrightarrow 2\,H_2O + 2e^- \quad E^0 = +0{,}83\ V$

cátodo: $\frac{1}{2}O_2 + H_2O + 2e^- \longrightarrow 2\,OH^- \quad E^0 = +0{,}40\ V$

equação global: $H_2 + \frac{1}{2}O_2 \longrightarrow H_2O \quad \Delta E^0 = 1{,}23\ V$

Outros redutores pedem ser usados no lugar do H_2, como o metanol e o etanol.

Outra vantagem das células a combustível é o maior rendimento na conversão em energia elétrica.

Observação: as semirreações que ocorrem nos eletrodos em meio ácido em uma célula a combustível são dadas pelas equações:

ânodo: $H_2 \longrightarrow 2\,H^+ + 2e^-$

cátodo: $\frac{1}{2}O_2 + 2\,H^+ + 2e^- \longrightarrow H_2O$

global: $H_2 + \frac{1}{2}O_2 \longrightarrow H_2O$

Exercícios Série Prata

1. Complete com **oxidação** ou **redução**.

O metal cobre em contato com o ar (O_2, H_2O e CO_2) sofre __________________ formando uma película esverdeada chamada de azinhavre ou malaquita.

$$2\,Cu + O_2 + H_2O + CO_2 \longrightarrow \underbrace{Cu(OH)_2 + CuCO_3}_{\text{azinhavre}}$$

2. Complete com **branca** ou **preta**.

A prata escurece com o tempo, devido à formação de uma película superficial de Ag_2S, que é de cor ________; esse processo é causado pelo H_2S do ar.

$$2\,Ag + H_2S + \frac{1}{2}\,O_2 \longrightarrow Ag_2S + H_2O$$

3. Complete com **oxidar** ou **reduzir**.

Verifica-se que O_2 e H_2O juntos podem __________ o Fe a Fe^{2+}, formando uma película chamada de ferrugem que não fica aderida na superfície, propiciando a continuação da oxidação.

4. Complete com **espontâneo** ou **não espontâneo**.

A ferrugem se forma, de modo ________________, na reação entre ferro, oxigênio e água.

5. Complete com **anódica** e **catódica**.

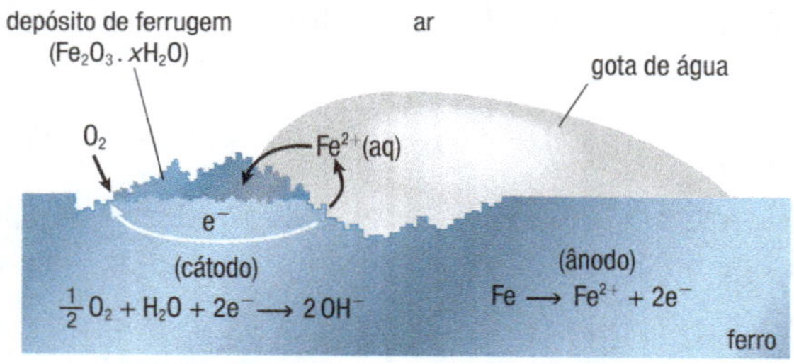

Corrosão do ferro em contato com a água.

No pedaço de ferro temos uma região __________ onde ocorre a oxidação do Fe a Fe^{2+}. Os elétrons produzidos migram pelo metal para outra região chamada de ______________________, onde O_2 é reduzido. A região catódica geralmente contém impurezas que facilitam a transferência de elétrons. Os íons Fe^{2+} formados se dissolvem na gota.

6. Complete as equações do processo de corrosão do ferro.

a) oxidação do Fe ____________________

b) redução do O_2 ____________________

c) formação de $Fe(OH)_2$ ____________________

d) equação global ____________________

e) oxidação do $Fe(OH)_2$ ____________________

A ferrugem é uma mistura contendo $Fe(OH)_2$ e $Fe(OH)_3$.

Alguns autores formulam a ferrugem assim: $Fe_2O_3.x\,H_2O$. A ferrugem não fica aderida na superfície, proporcionando a continuação da oxidação do ferro.

7. Complete com **elétrons** ou **íons**.

A presença de ______________ dissolvidos na gota de água facilita o fluxo de Fe^{2+}, acelerando a formação de ferrugem. Isto explica porque em regiões litorâneas a ferrugem se forma mais rapidamente.

8. (FUVEST – SP) Mergulhando-se um prego de ferro, limpo, em água, observa-se, com o passar do tempo, um processo de corrosão superficial.

a) Formule alguma das equações químicas representativas das transformações ocorridas na superfície do ferro.

b) Com base nos valores dos potenciais de redução relacionados a seguir, deduza quais, dentre os metais citados, os que, mantidos em contato com o prego (sem recobri-lo totalmente), seriam capazes de preservá-lo contra a corrosão.

$E^0_{Ag^+/Ag} = +0{,}80\ V$ $\quad$ $E^0_{Mg^{2+}/Mg} = -2{,}37\ V$

$E^0_{Fe^{2+}/Fe^0} = -0{,}44\ V$ $\quad$ $E^0_{Cu^{2+}/Cu} = +0{,}34\ V$

$E^0_{Zn^{+}/Zn} = -0{,}76\ V$

Resolução:

a) Na região anódica ocorre a oxidação do ferro:

$$Fe(s) \longrightarrow Fe^{2+}(aq) + 2e^-$$

Já na região catódica, o O_2 (proveniente do ar) dissolvido na água sofre redução:

$$1/2\ O_2(g) + H_2O(l) + 2e^- \longrightarrow 2\ OH^-(aq)$$

Quando o Fe^{2+} e o OH^- se encontram, ocorre precipitação do $Fe(OH)_2$:

$$Fe^{2+}(aq) + 2\ OH^-(aq) \longrightarrow Fe(OH)_2(s)$$

b) Para atuar como metal de sacrifício, é necessário que o metal seja mais reativo que o ferro; isto é equivalente ao cátion apresentar menor E^0 que o cátion Fe^{2+}. Das opções disponíveis, apenas o **magnésio (Mg)** e o **zinco (Zn)** podem ser utilizados.

9. (FUVEST – SP) Para investigar o fenômeno de oxidação de ferro, fez-se o seguinte experimento: no fundo de cada um de dois tubos de ensaio, foi colocada uma amostra de fios de ferro, formando uma espécie de novelo. As duas amostras de ferro tinham a mesma massa. O primeiro tubo foi invertido e mergulhado, até certa altura, em um recipiente contendo água. Com o passar do tempo, observou-se que a água subiu dentro do tubo, atingindo seu nível máximo após vários dias.

Nessa situação, mediu-se a diferença (x) entre os níveis de água no tubo e no recipiente. Além disso, observou-se a corrosão parcial dos fios de ferro. O segundo tubo foi mergulhado em um recipiente contendo óleo em lugar de água. Nesse caso, observou-se que não houve corrosão visível do ferro e o nível do óleo, dentro e fora do tubo, permaneceu o mesmo.

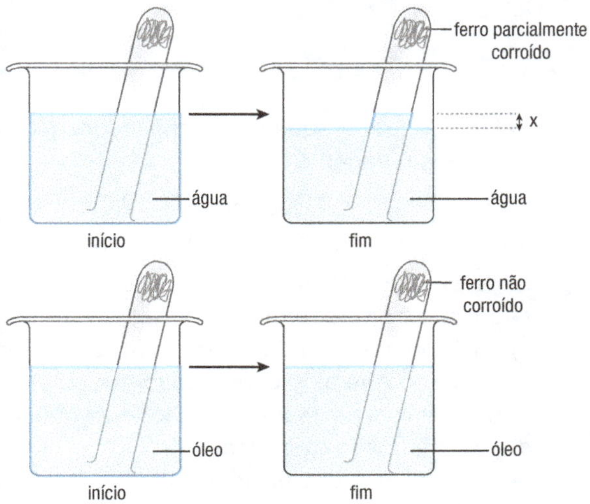

Sobre tal experimento, considere as seguintes afirmações:

I. Com base na variação (x) de altura da coluna de água dentro do primeiro tubo de ensaio, é possível estimar a porcentagem de oxigênio no ar.

II. Se o experimento for repetido com massa maior de fios de ferro, a diferença entre o nível da água no primeiro tubo e no recipiente será maior que x.

III. O segundo tubo foi mergulhado no recipiente com óleo a fim de avaliar a influência da água no processo de corrosão.

Está correto o que se afirma em:

a) I e II, apenas.
b) I e III, apenas.
c) II, apenas.
d) III, apenas.
e) I, II e III.

10. (ENEM) O boato de que os lacres das latas de alumínio teriam um alto valor comercial levou muitas pessoas a juntarem esse material na expectativa de ganhar dinheiro com sua venda. As empresas fabricantes de alumínio esclarecem que isso não passa de uma "lenda urbana", pois ao retirar o anel da lata, dificulta-se a reciclagem do alumínio. Como a liga do qual é feito o anel contém alto teor de magnésio, se ele não estiver junto com a lata, fica mais fácil ocorrer a oxidação do alumínio no forno. A tabela apresenta as semirreações e os valores de potencial padrão de redução de alguns metais:

Semirreação	Potencial padrão de redução (V)
$Li^+ + e^- \longrightarrow Li$	−3,05
$K^+ + e^- \longrightarrow K$	−2,93
$Mg^{2+} + 2e^- \longrightarrow Mg$	−2,36
$Al^{3+} + 3e^- \longrightarrow Al$	−1,66
$Zn^{2+} + 2e^- \longrightarrow Zn$	−0,76
$Cu^{2+} + 2e^- \longrightarrow Cu$	+0,34

Disponível em: <http://www.sucatas.com>. *Acesso em*: 28 fev. 2012 (adaptado).

Com base no texto e na tabela, que metais poderiam entrar na composição do anel das latas com a mesma função do magnésio, ou seja, proteger o alumínio da oxidação nos fornos e não deixar diminuir o rendimento da sua reciclagem?

a) Somente o lítio, pois ele possui o menor potencial de redução.
b) Somente o cobre, pois ele possui o maior potencial de redução.
c) Somente o potássio, pois ele possui potencial de redução mais próximo do magnésio.
d) Somente o cobre e o zinco, pois eles sofrem oxidação mais facilmente que o alumínio.
e) Somente o lítio e o potássio, pois seus potenciais de redução são menores do que o do alumínio.

11. (FATEC – SP) Os motores de combustão são frequentemente e responsabilizados por problemas ambientais, como a potencialização do efeito estufa e da chuva ácida, o que tem levado pesquisadores a buscar outras tecnologias.

Uma dessas possibilidades são as células de combustíveis de hidrogênio que, além de maior rendimento, não poluem.

Observe o esquema:

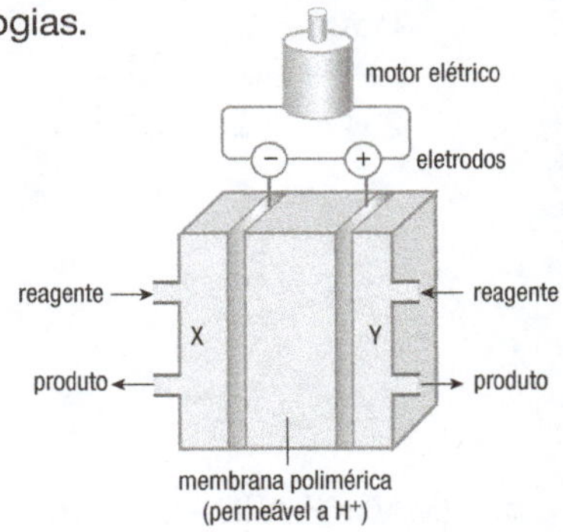

Semirreações do processo:

• ânodo: $H_2 \longrightarrow 2\,H^+ + 2e^-$
• cátodo: $O_2 + 4\,H^+ + 4e^- \longrightarrow 2\,H_2O$

Sobre a célula de hidrogênio esquematizada, é correto afirmar que:

a) ocorre eletrólise durante o processo.
b) ocorre consumo de energia no processo.
c) o ânodo é o polo positivo da célula combustível.
d) a proporção entre os gases reagentes é 2 H_2 : 1 O_2.
e) o reagente que deve ser adicionado em X é o oxigênio.

Exercícios Série Ouro

1. (FUVEST – SP) A cúpula central da Basílica de Aparecida do Norte receberá novas chapas de cobre que serão envelhecidas artificialmente, pois, expostas ao ar, só adquiriram a cor verde das chapas atuais após 25 anos. Um dos compostos que conferem cor verde às chapas de cobre, no envelhecimento natural, é a malaquita $CuCO_3 \cdot Cu(OH)_2$. Dentre os constituintes de ar atmosférico, são necessários e suficientes para a formação da malaquita:

a) nitrogênio e oxigênio.
b) nitrogênio, dióxido de carbono e água.
c) dióxido de carbono e oxigênio.
d) dióxido de carbono, oxigênio e água.
e) nitrogênio, oxigênio e água.

2. (FUVEST – SP) Panelas de alumínio são muito utilizadas no cozimento de alimentos. Os potenciais de redução (E^0) indicam ser possível a reação desse metal com água. A não ocorrência dessa reação é atribuída à presença de uma camada aderente e protetora de óxido de alumínio formada na reação do metal com o oxigênio do ar.

a) Escreva a equação balanceada que representa a formação da camada protetora.
b) Com os dados de E^0, explique como foi feita a previsão de que o alumínio pode reagir com água.

Dados:

$Al^{3+} + 3e^- \rightleftarrows Al \qquad E^0 = -1{,}66\ V$

$2\ H_2O + 2e^- \rightleftarrows H_2 + 2\ OH^- \qquad E^0 = -0{,}83\ V$

3. (MACKENZIE – SP) Um método caseiro para limpar joias de prata, escurecidas devido ao contato com H_2S presente no ar, consiste em colocá-las em solução aquosa diluída de bicarbonato de sódio, embrulhadas em folha de alumínio.

Sabendo que a equação simplificada que representa essa reação é:

$$2\ Al(s) + 3\ Ag_2S(s) + 6\ H_2O(l) \longrightarrow 2\ Al(OH)_3(s) + 6\ Ag(s) + 3\ H_2S(g)$$

pode-se concluir que:

a) a prata é um redutor mais forte que o alumínio.
b) o cátion alumínio deve ter potencial de redução maior do que o do cátion da prata.
c) o alumínio é um redutor mais forte do que a prata.
d) íons prata são oxidados.
e) o alumínio é um oxidante mais forte do que a prata.

4. (ITA – SP) Uma camada escura é formada sobre objetos de prata expostos a uma atmosfera poluída contendo compostos de enxofre. Esta camada pode ser removida quimicamente envolvendo os objetos em questão com uma folha de alumínio. A equação química que melhor representa a reação que ocorre neste caso é:

a) $3\ Ag_2S(s) + 2\ Al(s) \longrightarrow 6\ Ag(s) + Al_2S_3(s)$
b) $3\ Ag_2O(s) + 2\ Al\ (s) \longrightarrow 6\ Ag(s) + Al_2O_3(s)$
c) $3\ AgH(s) + Al(s) \longrightarrow 3\ Ag(s) + AlH_3(s)$
d) $3\ Ag_2SO_4(s) + 2\ Al(s) \longrightarrow 6\ Ag(s) + Al_2S_3(s) + 6\ O_2(g)$
e) $3\ Ag_2SO_3(s) + 2\ Al(s) \longrightarrow 6\ Ag(s) + Al_2S_3(s) + \frac{9}{2}\ O_2(g)$

5. (FUVEST – SP) O cientista e escritor Oliver Sacks, em seu livro *Tio Tungstênio*, nos conta a seguinte passagem de sua infância: "Ler sobre [Humphry] Davy e seus experimentos estimulou-me a fazer diversos outros experimentos eletroquímicos. Devolvi o brilho às colheres de prata de minha mãe colocando-as em um prato de alumínio com uma solução morna de bicarbonato de sódio ($NaHCO_3$)."

Pode-se compreender o experimento descrito, sabendo-se que:

- objetos de prata, quando expostos ao ar, enegrecem devido à formação de Ag_2O e Ag_2S (compostos iônicos).
- as espécies químicas Na^+, Al^{3+} e Ag^+ têm, nessa ordem, tendência crescente de receber elétrons.

Assim sendo, a reação de oxidorredução, responsável pela devolução do brilho à colheres, pode ser representada por:

a) $3\ Ag^+ + Al^0 \longrightarrow 3\ Ag^0 + Al^{3+}$
b) $Al^{3+} + 3\ Ag^0 \longrightarrow Al^0 + 3\ Ag^+$
c) $Ag^0 + Na^+ \longrightarrow Ag^+ + Na^0$
d) $Al^0 + 3\ Na^+ \longrightarrow Al^{3+} + 3\ Na^0$
e) $3\ Na^0 + Al^{3+} \longrightarrow 3\ Na^+ + Al^0$

6. (MACKENZIE – SP) Para retardar a corrosão de um encanamento de ferro, pode-se ligá-lo a um outro metal, chamado de metal de sacrifício, que tem a finalidade de se oxidar antes do ferro. Conhecendo o potencial padrão de redução, pode-se dizer que o melhor metal para atuar como metal de sacrifício é:

			E^0_{red}
$Ag^+ + e^-$	$\rightleftarrows$	Ag^0	+0,80 V
$Cu^{2+} + 2e^-$	$\rightleftarrows$	Cu^0	+0,34 V
$Fe^{2+} + 2e^-$	$\rightleftarrows$	Fe^0	−0,44 V
$Hg^{2+} + 2e^-$	$\rightleftarrows$	Hg^0	+0,85 V
$Au^{3+} + 3e^-$	$\rightleftarrows$	Au^0	+1,50 V
$Mg^{2+} + 2e^-$	$\rightleftarrows$	Mg^0	−2,37 V

a) Cu b) Hg c) Au d) Ag e) Mg

7. (PUC – MG) Considere os metais com seus respectivos potenciais-padrão de redução:

$Mg^{+2} + 2e^-$	$\longrightarrow$	Mg	($E^0 = -2,37$ V)
$Al^{+3} + 3e^-$	$\longrightarrow$	Al	($E^0 = -1,66$ V)
$Zn^{+2} + 2e^-$	$\longrightarrow$	Zn	($E^0 = -0,76$ V)
$Pb^{+2} + 2e^-$	$\longrightarrow$	Pb	($E^0 = -0,13$ V)
$Cu^{+2} + 2e^-$	$\longrightarrow$	Cu	($E^0 = +0,34$ V)
$Ag^+ + e^-$	$\longrightarrow$	Ag	($E^0 = +0,80$ V)

Para proteção de certas peças metálicas, podem-se colocar pedaços de outro metal usado, como metal de sacrifício. Se a peça em questão for de alumínio, o metal de sacrifício pode ser:

a) Ag b) Zn c) Pb d) Cu e) Mg

8. (CEETEPS – SP) Uma fita de um determinado metal (que pode ser cobre, chumbo, zinco ou alumínio) foi enrolada em torno de um prego de ferro, e ambos mergulhados numa solução de água salgada.

Observou-se, após algum tempo, que o prego de ferro foi bastante corroído.

Dados os potenciais-padrão de redução:

$Cu^{2+}(aq) + 2e^- \longrightarrow Cu(s)$	$E^0 = +0,34$ V
$Pb^{2+}(aq) + 2e^- \longrightarrow Pb(s)$	$E^0 = -0,13$ V
$Fe^{2+}(aq) + 2e^- \longrightarrow Fe(s)$	$E^0 = -0,44$ V
$Zn^{2+}(aq) + 2e^- \longrightarrow Zn(s)$	$E^0 = -0,76$ V
$Al^{3+}(aq) + 3e^- \longrightarrow Al(s)$	$E^0 = -1,66$ V

Conclui-se que o metal da fita deve ser:

a) Cu ou Pb c) Al ou Cu e) Zn ou Pb
b) Al ou Pb d) Zn ou Al

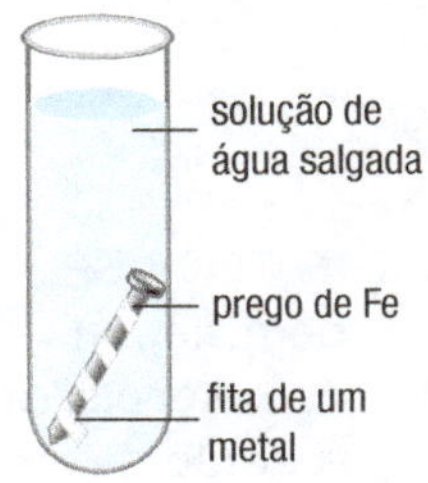

9. (UFRGS – RS) O ferro galvanizado apresenta-se revestido por uma camada de zinco. Se um objeto desse material for riscado, o ferro ficará exposto às condições do meio ambiente e poderá formar o hidróxido ferroso.

Nesse caso o zinco, por ser mais reativo, regenera o ferro, conforme a reação representada abaixo.

$$Fe(OH)_2 + Zn \longrightarrow Zn(OH)_2 + Fe$$

sobre essa reação, pode-se afirmar que:

a) o ferro sofre oxidação, pois perderá elétrons.
b) o zinco sofre oxidação, pois perderá elétrons.
c) o ferro sofre redução, pois perderá elétrons.
d) o zinco sofre redução, pois ganhará elétrons.
e) o ferro sofre oxidação, pois ganhará elétrons.

10. (UFMG) Para diminuir a velocidade da corrosão das placas de aço (uma liga de ferro) do casco de navios, grossas placas de zinco são rebitadas no lado externo do casco, abaixo da superfície da água. Essa técnica é conhecida como proteção catódica.

Supondo que o aço possa ser representado por Fe(s), considere as seguintes forças eletromotrizes de redução:

$Zn^{2+}(aq) + 2e^- \longrightarrow Zn(s)$ $\quad E^0 = -0{,}76\ V$

$Fe^{2+}(aq) + 2e^- \longrightarrow Fe(s)$ $\quad E^0 = -0{,}44\ V$

$Cu^{2+}(aq) + 2e^- \longrightarrow Cu(s)$ $\quad E^0 = +0{,}34\ V$

$\frac{1}{2}\,O_2 + 2\,H^+ + 2e^- \longrightarrow H_2O(l)$ $\quad E^0 = +1{,}23\ V$

a) Justifique a utilização do zinco para proteção de cascos de navios, usando equações e cálculos eletroquímicos.

b) Justifique a **não utilização** de placas de cobre no lugar das placas de zinco.

11. (FATEC – SP) A facilidade com que partículas recebem elétrons é expressa pela grandeza denominada potencial de eletrodo. Considere os potenciais-padrão de redução.

Semirreações	E^0_{red}
$Mg^{2+}(aq) + 2e^- \longrightarrow Mg(s)$	−2,37 V
$Zn^{2+}(aq) + 2e^- \longrightarrow Zn(s)$	−0,76 V
$Fe^{2+}(aq) + 2e^- \longrightarrow Fe(s)$	−0,44 V
$Sn^{2+}(aq) + 2e^- \longrightarrow Sn(s)$	−0,14 V
$Cu^{2+}(aq) + 2e^- \longrightarrow Cu(s)$	+0,36 V
$\frac{1}{2}\,O_2(g) + H_2O(l) + 2e^- \longrightarrow 2\,OH^-(aq)$	+0,41 V

Pregos de ferros limpos e polidos foram submetidos às seguintes condições:

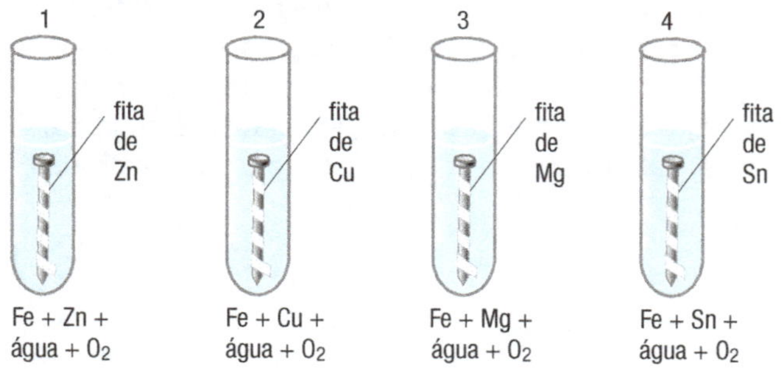

Analise as afirmações.

I. A tensão elétrica da pilha formada por cobre e oxigênio em meio aquoso é maior que a tensão elétrica da pilha formada por ferro e oxigênio em meio aquoso.

II. A corrosão do ferro é mais intensa quando o ferro está em contato com o cobre e estanho.

III. Metais como o zinco e o magnésio, em contato com ferro, podem retardar ou mesmo impedir a formação de ferrugem.

Está(ão) correta(s):

a) somente as afirmações I e II.
b) somente as afirmações I e III.
c) somente a afirmação II.
d) as afirmações I, II e III.
e) somente as afirmações II e III.

12. (MACKENZIE – SP)

$Sn^{2+} + 2e^- \rightleftharpoons Sn(s)$ $\quad E^0 = -0{,}136\ V$

$Fe^{3+} + 3e^- \rightleftharpoons Fe(s)$ $\quad E^0 = -0{,}036\ V$

Alimentos em conserva, acondicionados em latas feitas de uma liga de ferro-carbono, são protegidos por uma camada de estanho, não devem ser consumidos se as latas estiverem amassadas, pois, nesse caso, forma-se uma pilha na embalagem, contaminando os alimentos. Considerando os potenciais-padrão de redução, a 25 °C, dados acima, fazem-se as afirmações:

I. a força eletromotriz-padrão da pilha ferro/estanho é de 0,1 V.

II. $3\,Sn(s) + 2\,Fe^{3+} \rightleftharpoons 2\,Fe(s) + 3\,Sn^{2+}$ representa a reação gobal da pilha.

III. a contaminação dos alimentos deve-se à espécie química produzida na oxidação do Sn(s).

Dessas afirmações,

a) somente I está correta.
b) somente I e II estão corretas.
c) I, II e III estão corretas.
d) somente II está correta.
e) somente II e III estão corretas.

13. (UFBA)

Semirreação	Potencial-padrão de redução a 25 °C, E^0
$3e^- + Al^{3+} \rightleftharpoons Al^0$	−1,66
$2e^- + Sn^{2+} \rightleftharpoons Sn^0$	−0,14
$3e^- + Fe^{3+} \rightleftharpoons Fe^0$	−0,04
$e^- + Ag^+ \rightleftharpoons Ag^0$	+0,80
$2e^- + Hg^{2+} \rightleftharpoons Hg^0$	+0,85
$3e^- + Au^{3+} \rightleftharpoons Au^0$	+1,50

A tabela acima apresenta o potencial-padrão de redução de alguns metais e suas semirreações.

Com base nesses dados, pode-se afirmar:

(01) Desses metais, o que apresenta maior tendência a perder elétrons é o ouro.

(02) A diferença de potencial da pilha
$Al^0 \mid Al^{3+} \parallel Au^{3+} \mid Au^0$ é 3,16 V

(04) O alumínio pode ser utilizado para inibir a oxidação do ferro.

(08) A concentração de Hg^{2+}(aq) diminui, quando uma solução de $Hg(NO_3)_2$ é armazenada em um recipiente de prata.

(16) Embalagens de alimento feitas com lâminas de ferro revestidas com estanho, quando rompidas ou amassadas, contaminam internamente os alimentos devido à formação de Sn^{2+}.

(32) A reação
$3\ HgCl_2(aq) + 2\ Al(s) \longrightarrow 2\ AlCl_3(aq) + 3\ Hg(l)$
não ocorre espontaneamente.

(64) Na pilha $Sn^0 \mid Sn^{2+} \parallel Ag^+ \mid Ag^0$, a prata é o redutor.

Dê como resposta a soma dos números associados às afirmações corretas.

14. (ITA – SP) A tabela abaixo (corrosão do ferro em água aerada) mostra as observações feitas, sob as mesmas condições de pressão e temperatura, com pregos de ferro, limpos e polidos e submetidos a diferentes meios.

	Corrosão do ferro em água aerada	
	Sistema inicial	**Observações durante os experimentos**
1.	Prego limpo e polido imerso em água aerada	Com o passar do tempo surgem sinais de aparecimento de ferrugem ao longo do prego (formação de um filme fino de uma substância sólida com coloração marrom--alaranjada).
2.	Prego limpo e polido envolvido com graxa imerso em água aerada	Não há alteração perceptível com o passar do tempo.
3.	Prego limpo e polido envolvido por uma tira de magnésio e imerso em água aerada	Com o passar do tempo observa a precipitação de grande quantidade de uma substância branca, mas a superfície do prego continua aparentemente intacta.
4.	Prego limpo e polido envolvido por uma tira de estanho e imerso em água aerada.	Com o passar do tempo surgem sinais de aparecimento de ferrugem ao longo do prego.

a) Escreva as equações químicas balanceadas para a(s) reação(ões) nos experimentos 1, 3 e 4, respectivamente.

b) Com base nas observações feitas, sugira duas maneiras diferentes de evitar a formação de ferrugem sobre o prego.

c) Ordene os metais empregados nos experimentos descritos na tabela acima segundo o seu poder redutor.

Mostre como você raciocinou para chegar à ordenação proposta.

15. (ENEM) Músculos artificiais são dispositivos feitos com plásticos inteligentes que respondem a uma corrente elétrica com movimento mecânico. A oxidação e redução de um polímero condutor criam cargas positivas e/ou negativas no material, que são compensadas com a inserção ou expulsão de cátions ou ânions. Por exemplo, na figura os filmes escuros são de polipirrol e o filme branco é de um eletrólito polimérico contendo um sal inorgânico.

Quando o polipirrol sofre oxidação, há a inserção de ânions para compensar a carga positiva no polímero e o filme se expande. Na outra face do dispositivo o filme de polipirrol sofre redução, expulsando ânions, e o filme se contrai. Pela montagem, em sanduíche, o sistema todo se movimenta de forma harmônica, conforme mostrado na figura.

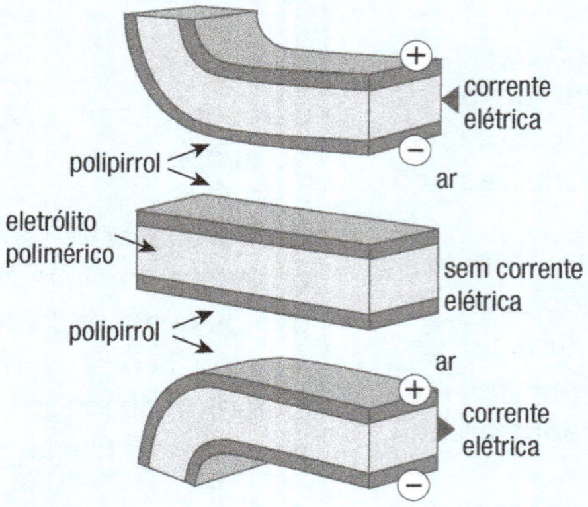

DE PAOLI, MA. A. **Cadernos Temáticos de Química Nova na Escola.** São Paulo, maio 2001 (adaptado).

A camada central do eletrólito polimérico é importante porque:

a) absorve a irradiação de partículas carregadas, emitidas pelo aquecimento elétrico dos filmes de polipirrol.

b) permite a difusão dos íons promovida pela aplicação de diferença de potencial, fechando o circuito elétrico.

c) mantém um gradiente térmico no material para promover a dilatação/contração térmica de cada filme de polipirrol.

d) permite a condução de elétrons livres, promovida pela aplicação de diferença de potencial, gerando corrente elétrica.

e) promove a polarização das moléculas poliméricas, o que resulta no movimento gerado pela aplicação de diferença de potencial.

Resolução:

Podemos representar a oxidação do polipirrol da seguinte maneira.

polipirrol $\longrightarrow$ polipirrol$^+$ + e^-

polipirrol$^+$ + $\begin{pmatrix}\text{ânion proveniente}\\ \text{do sal inorgânico}\end{pmatrix}$ $\longrightarrow$ polipirrol-ânion

Podemos representar a redução do composto polipirrol-ânion da seguinte maneira:

polipirrol-ânion + e^- $\longrightarrow$ polipirrol + ânion

Resposta: alternativa b.

16. (UFSCar – SP) A pilha seca, representada na figura, é uma célula galvânica com os reagentes selados dentro de um invólucro. Essa pilha apresenta um recipiente cilíndrico de zinco, com um bastão de carbono no eixo central. O eletrólito é uma mistura pastosa e úmida de cloreto de amônio, óxido de manganês (IV) e carvão finamente pulverizado.

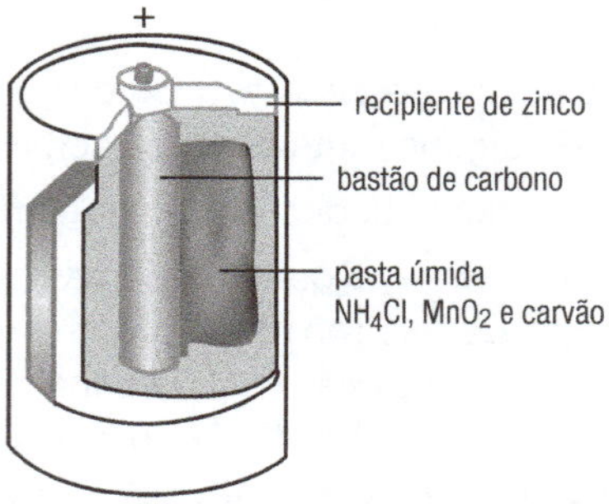

As equações das reações envolvidas na pilha são:

$$2\ MnO_2(s) + 2\ NH^+_4(aq) + 2e^- \longrightarrow$$
$$\longrightarrow Mn_2O_3(s) + 2\ NH_3(aq) + H_2O(l)$$
$$Zn(s) \longrightarrow Zn^{2+}(aq) + 2e^-$$

Considere as seguintes afirmações sobre a pilha seca:

I. O recipiente de zinco é o ânodo.

II. Produz energia através de um processo espontâneo.

III. O NH_4^+ sofre redução.

IV. Os elétrons migram do ânodo para cátodo através do eletrólito.

Está correto apenas o que se afirma em:

a) I, II e III. b) II, III e IV. c) I e II. d) I e IV. e) II e III.

17. (UFMG) A principal diferença entre as pilhas comuns e as alcalinas consiste na substituição, nestas últimas, do cloreto de amônio pelo hidróxido de potássio. Assim sendo, as semirreações que ocorrem podem ser representadas.

• nos casos das pilhas comuns, por:

cátodo: $2\ MnO_2(s) + 2\ NH_4^+(aq) + 2e^- \longrightarrow$
$\longrightarrow Mn_2O_3(s) + 2\ NH_3(aq) + H_2O(l)$

ânodo: $Zn(s) \longrightarrow Zn^{2+}\ (aq) + 2e^-$

• no caso das pilhas alcalinas, por:

cátodo: $2\ MnO_2(s) + H_2O(l) + 2e^- \longrightarrow$
$\longrightarrow Mn_2O_3(s) + 2\ OH^-(aq)$

ânodo: $Zn(s) + 2\ OH^-(aq) \longrightarrow Zn(OH)_2(s) + 2e^-$

Considerando-se essas informações, é INCORRETO afirmar que,

a) em ambas as pilhas, a espécie que perde elétrons é a mesma.
b) em ambas as pilhas, o Zn(s) é o agente redutor.
c) na pilha alcalina, a reação de oxirredução se dá em meio básico.
d) na pilha comum, o íon NH_4^+(aq) é a espécie que recebe elétrons.

18. (PUC – MG) As pilhas de mercúrio são muito utilizadas em relógios, câmaras fotográficas, calculadoras e aparelhos de audição. As reações que ocorrem durante o funcionamento da pilha são:

$$Zn + 2\,OH^- \longrightarrow ZnO + H_2O + 2e^-$$
$$HgO + H_2O + 2e^- \longrightarrow Hg + 2\,OH^-$$

Sobre essa pilha, identifique a afirmativa INCORRETA:

a) O HgO funciona como o ânodo da pilha.
b) O zinco metálico é o agente redutor.
c) A reação se realiza em meio alcalino.
d) O zinco sofre um aumento de seu número de oxidação.
e) O oxigênio não varia seu número de oxidação.

19. (VUNESP) Pilhas recarregáveis, também denominadas células secundárias, substituem, com vantagens para o meio ambiente, as pilhas comuns descartáveis. Um exemplo comercial são as pilhas de níquel-cádmio (nicad), nas quais, para a produção de energia elétrica, ocorrem os seguintes processos:

I. O cádmio metálico, imerso em uma pasta básica contendo íons OH^-(aq), reage produzindo hidróxido de cádmio (II), um composto insolúvel.
II. O hidróxido de níquel (III) reage produzindo hidróxido de níquel (II), ambos insolúveis e imersos numa pasta básica contendo íons OH^-(aq).

a) Escreva a semirreação que ocorre no ânodo de uma pilha Nicad.
b) Uma TV portátil funciona adequadamente quando as pilhas instaladas fornecem uma diferença de potencial entre 12,0 e 14,0 V. Sabendo-se que $E^0(Cd^{2+}, Cd) = -0,81$ V e $E^0(Ni^{3+}, Ni^{2+}) = +0,49$ V, nas condições de operação descritas, calcule a diferença de potencial em uma pilha de níquel-cádmio e a quantidade de pilhas, associadas em série, necessárias para que a TV funcione adequadamente.

20. (UEPA) A bateria de Níquel-Cádmio, a qual é muito utilizada nos equipamentos eletrônicos atuais, possui as seguintes semirreações:

$$Cd(OH)_2(s) + 2e^- \longrightarrow Cd(s) + 2\,OH^-(aq) \qquad E^0 = -0,81\text{ V}$$
$$Ni(OH)_3(s) + e^- \longrightarrow Ni(OH)_2(s) + OH^-(aq) \qquad E^0 = ?$$

Sabendo-se que a força eletromotriz (FEM) da reação global é igual a +1,30 V, é correto afirmar que o valor do potencial padrão (E^0) da semicélula de níquel é:

a) +0,81 V
b) −2,60 V
c) +1,30 V
d) −0,49 V
e) +0,49 V

21. (PUC) **Dados:**

$$Cd^{2+}(aq) + 2e^- \rightleftarrows Cd(s) \qquad E^0 = -0,40\text{ V}$$
$$Cd(OH)_2(s) + 2e^- \rightleftarrows Cd(s) + 2\,OH^-(aq) \qquad E^0 = -0,81\text{ V}$$
$$Ni^{2+}(aq) + 2e^- \rightleftarrows Ni(s) \qquad E^0 = -0,23\text{ V}$$
$$Ni(OH)_3(s) + e^- \rightleftarrows Ni(OH)_2(s) + OH^-(aq) \qquad E^0 = +0,49\text{ V}$$

As baterias de níquel-cádmio ("ni-cad") são leves e recarregáveis, sendo utilizadas em muitos aparelhos portáteis como telefones e câmaras de vídeo. Essas baterias têm como características o fato de os produtos formados durante a descarga serem insolúveis e ficarem aderidos nos eletrodos, permitindo a recarga quando ligada a uma fonte externa de energia elétrica. Com base no texto e nas semirreações de redução fornecidas, a equação que melhor representa o processo de **descarga** de uma bateria de níquel-cádmio é:

a) $Cd(s) + 2\,Ni(OH)_3(s) \longrightarrow Cd(OH)_2(s) + 2\,Ni(OH)_2(s)$

b) $Cd(s) + Ni(s) \longrightarrow Cd^{2+}(aq) + Ni^{2+}(aq)$

c) $Cd(OH)_2(s) + 2\,Ni(OH)_2(s) \longrightarrow Cd(s) + 2\,Ni(OH)_3(s)$

d) $Cd^{2+}(aq) + Ni^{2+}(aq) \longrightarrow Cd(s) + Ni(s)$

e) $Cd(s) + Ni(s) + 2\,OH^-(aq) \longrightarrow Cd(OH)_2(s) + Ni^{2+}(aq)$

22. (UNIFESP) Um substituto mais leve, porém mais caro, da bateria de chumbo é a bateria de prata-zinco. Nesta, a reação global que ocorre, em meio alcalino, durante a descarga é

$$Ag_2O(s) + Zn(s) + H_2O(l) \longrightarrow Zn(OH)_2(s) + 2\,Ag(s)$$

O eletrólito é uma solução de KOH a 40% e o eletrodo de prata/óxido de prata está separado do zinco/hidróxido de zinco por uma folha de plástico permeável ao íon hidróxido. A melhor representação para a semirreação que ocorre no ânodo é:

a) $Ag_2O + H_2O + 2e^- \longrightarrow 2\,Ag + 2\,OH^-$

b) $Ag_2O + 2\,OH^- + 2e^- \longrightarrow 2\,Ag + O_2 + H_2O$

c) $2\,Ag + 2\,OH^- \longrightarrow Ag_2O + H_2O + 2e^-$

d) $Zn + 2\,H_2O \longrightarrow Zn(OH)_2 + 2\,H^+ + 2e^-$

e) $Zn + 2\,OH^- \longrightarrow Zn(OH)_2 + 2e^-$

23. (UNIFESP) A bateria primária de lítio-iodo surgiu em 1967, nos Estados Unidos, revolucionando a história do marca-passo cardíaco. Ela pesa menos que 20 g e apresenta longa duração, cerca de cinco a oito anos, evitando que o paciente tenha que se submeter a frequentes cirurgias para trocar o marca-passo. O esquema dessa bateria é representado na figura.

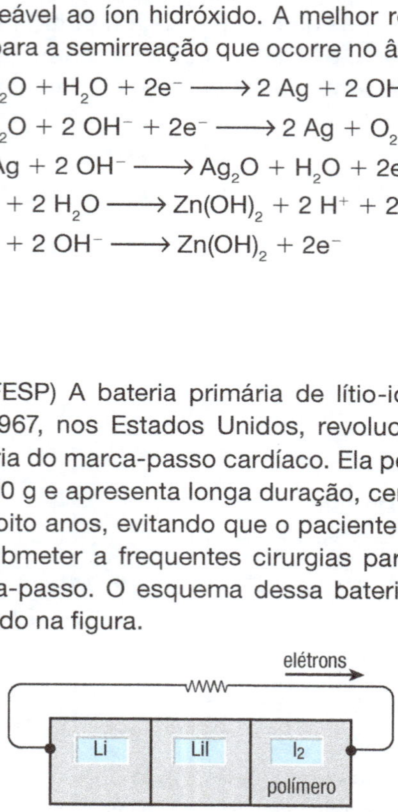

Para esta pilha, são dadas as semirreações de redução:

$Li + e^- \longrightarrow Li$ $\qquad E^0 = -3{,}05\ V$

$I_2 + 2e^- \longrightarrow 2I^-$ $\qquad E^0 = +0{,}54\ V$

São feitas as seguintes afirmações sobre esta pilha:

I. No ânodo ocorre a redução do íon Li^+.
II. A ddp da pilha é +2,51 V.
III. O cátodo é o polímero/iodo.
IV. O agente oxidante é o I_2.

São corretas as afirmações contidas apenas em:

a) I, II, III.
b) I, II, IV.
c) I e III.
d) II e III.
e) III e IV.

24. (UFRJ) Nas baterias de chumbo, usadas nos automóveis, os eletrodos são placas de chumbo (Pb e PbO_2) imersas em solução de ácido sulfúrico concentrado, com densidade da ordem de 1,280 g/cm³.

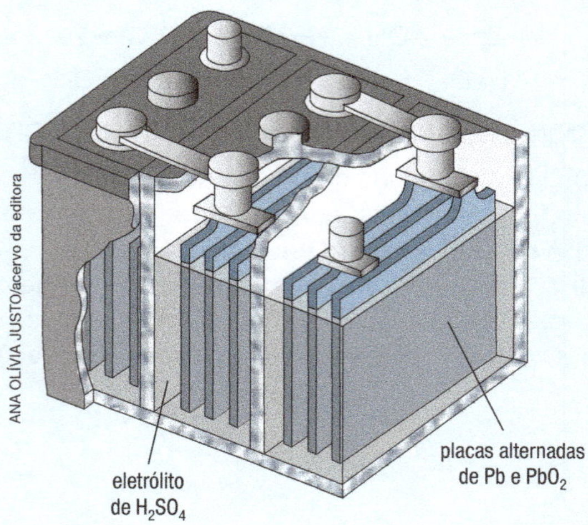

As reações que ocorrem durante a descarga da bateria são as seguintes:

I. $Pb(s) + SO_4^{2-} \longrightarrow PbSO_4(s) + 2e^-$

II. $PbO_2(s) + 4\,H^+ + SO_4^{2-} + 2e^- \longrightarrow$
$\longrightarrow PbSO_4(s) + 2\,H_2O(l)$

a) Qual das duas reações ocorre no polo negativo (ânodo) da bateria? Justifique sua resposta.

b) Explique o que acontece com a densidade da solução da bateria durante sua descarga.

Resolução:

a) No ânodo temos uma oxidação. Portanto, ocorre a reação representada pela equação I.

b) Durante a descarga, há consumo de H_2SO_4, o que provoca a redução da densidade da solução da bateria.

25. (UDESC) As baterias classificadas como células secundárias são aquelas em que a reação química é reversível, possibilitando a recarga da bateria. Até pouco tempo atrás, a célula secundária mais comum era a bateria de chumbo/ácido, que ainda é empregada em carros e outros veículos. As semirreações padrões que ocorrem nesta bateria são descritas abaixo:

I. $PbSO_4(s) + 2e^- \longrightarrow Pb(s) + SO_4^{2-}(aq)$ $-0{,}36$ V

II. $PbO_2(s) + 4\,H^+(aq) + SO_4^{2-}(aq) + 2e^- \longrightarrow$
$\longrightarrow PbSO_4(s) + 2\,H_2O(l)$ $+1{,}69$ V

Considerando a reação de célula espontânea, asssinale a alternativa que apresenta a direção da semirreação I e seu eletrodo; a direção da semirreação II e seu eletrodo; e o potencial-padrão da bateria, respectivamente,

a) direção direta no ânodo; direção inversa no cátodo; +1,33 V.
b) direção inversa no ânodo; direção direta no cátodo; +2,05 V.
c) direção inversa no cátodo; direção direta no ânodo; +2,05 V.
d) direção direta no ânodo; direção inversa no cátodo; +2,05 V.
e) direção inversa no ânodo; direção direta no cátodo; +1,33 V.

26. (UFBA) A bateria chumbo/ácido utilizada na geração de energia elétrica para automóveis pode ser recarregada pelo próprio dínamo do veículo.

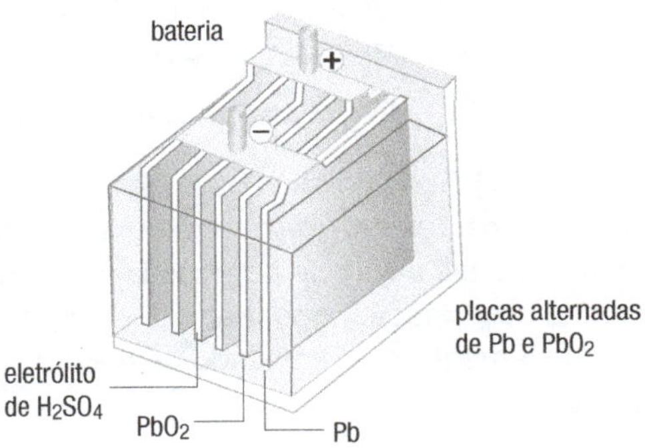

Semirreação	Potencial padrão de redução E°(V)
$PbO_2(s) + SO_4^{2-}(aq) + 4\,H^+(aq) + 2e^- \rightleftarrows PbSO_4(s) + 2\,H_2O(l)$	+1,69
$PbSO_4 + 2e^- \rightleftarrows Pb(s) + SO_4^{2-}(aq)$	−0,36

Associando-se as informações da tabela e da figura, é correto afirmar:

(01) O eletrodo de óxido de chumbo é o ânodo da bateria.
(02) A diferença de potencial de 6 pilhas associadas em série é 12,30 V.
(04) Uma semirreação que ocorre na bateria é:
$Pb(s) + SO_4^{2-}(aq) \longrightarrow PbSO_4(s) + 2e^-$
(08) No processo de recarga, a placa de chumbo é o ânodo da bateria.
(16) Quando ocorre a descarga da bateria, a densidade da solução diminui, devido ao consumo de íons sulfato e à formação de água.
(32) Durante o processo de descarga da bateria, são envolvidos 4 elétrons.

Responda com a soma dos números dos itens corretos.

27. (UNESP) As bateriais dos automóveis são cheias com solução aquosa de ácido sulfúrico. Sabendo-se que essa solução contém 38% de ácido sulfúrico em massa e densidade igual a 1,29 g/cm³, pergunta-se:

a) Qual é a concentração do ácido sulfúrico em mol por litro [massa molar do H_2SO_4 = 98 g/mol]?
b) Uma bateria é formada pela ligação em série de 6 pilhas eletroquímicas internas, onde ocorrem as semirreações representadas a seguir:

polo negativo (−): $Pb + SO_4^{2-} \longrightarrow PbSO_4 + 2e^-$
$E = +0{,}34$ V

polo positivo (+): $PbSO_4 + 2\,H_2O \longrightarrow$
$\longrightarrow PbO_2 + SO_4^{2-} + 4\,H^+ + 2e^-$ $E = -1{,}66$ V

Qual a diferença de potencial (voltagem) dessa bateria?

28. (UNESP) O hidrogênio molecular obtido na reforma a vapor do etanol pode ser usado como fonte de energia limpa em uma célula de combustível, esquematizada a seguir.

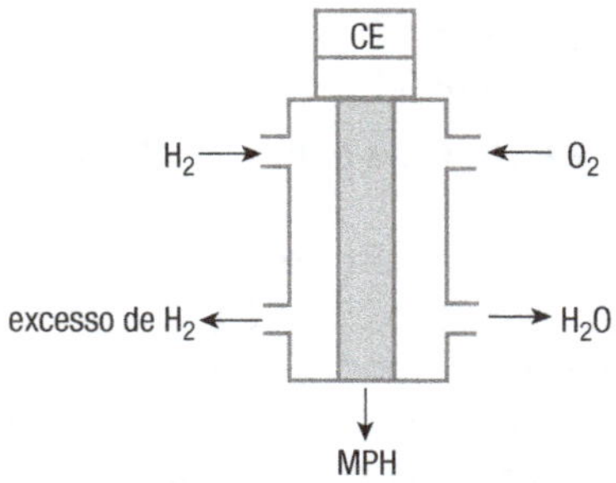

MPH: membrana permeável a H^+
CE: circuito elétrico externo

Neste tipo de dispositivo, ocorre a reação de hidrogênio com oxigênio do ar, formando água como único produto. Escreva a semirreação que acontece no compartimento onde ocorre a oxidação (ânodo) da célula de combustível. Qual o sentido da corrente de elétrons pelo circuito elétrico externo?

29. (UNICAMP – SP) Há quem afirme que as grandes questões da humanidade simplesmente restringem-se às necessidades e à disponibilidade de energia. Temos de concordar que o aumento da demanda de energia é uma das principais preocupações atuais. O uso de motores de combustão possibilitou grandes mudanças, porém seus dias estão contados. Os problemas ambientais pelos quais estes motores podem ser responsabilizados, além de seu baixo rendimento, têm levado à busca de outras tecnologias.

Uma alternativa promissora para os motores de combustão são as celas de combustível que permitem, entre outras coisas, rendimentos de até 50% e operação em silêncio. Uma das mais promissoras celas de combustível é o hidrogênio, mostrada no esquema abaixo:

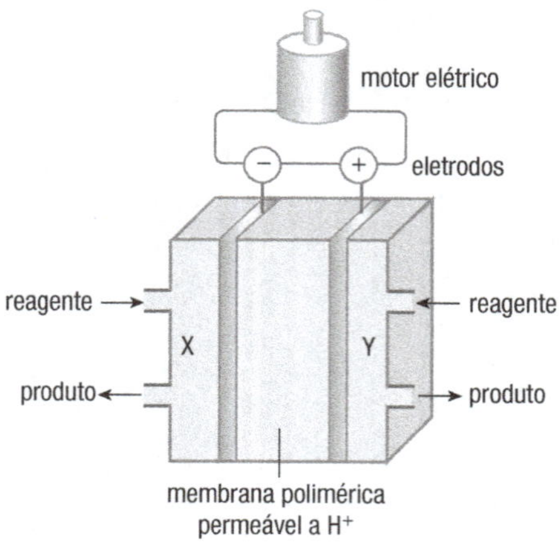

Nessa cela, um dos compartimentos é alimentado por hidrogênio gasoso e o outro, por oxigênio gasoso. As semirreações que ocorrem nos eletrodos são dadas pelas equações:

ânodo: $H_2(g) = 2\ H^+ + 2e^-$
cátodo: $O_2(g) + 4\ H^+ + 4e^- = 2\ H_2O$

a) Por que se pode afirmar, do ponto de vista químico, que esta cela de combustível é "não poluente"?
b) Qual dos gases deve alimentar o compartimento X? Justifique.
c) Que proporção de massa entre os gases você usaria para alimentar a cela de combustível? Justifique.
Dado: H = 1, O = 16.

30. (UNESP) Observe o esquema de uma célula de combustível de hidrazina monoidratada/oxigênio do ar em funcionamento, conectada a um circuito elétrico externo. No compartimento representado no lado esquerdo do esquema, é introduzido apenas o reagente $N_2H_4{\cdot}H_2O$, obtendo-se os produtos $N_2(g)$ e $H_2O(l)$ em sua saída. No compartimento representado no lado direito do esquema, são introduzidos os reagentes $O_2(g)$ e $H_2O(l)$, sendo $H_2O(l)$ consumido apenas parcialmente na semirreação, e seu excesso liberado inalterado na saída do compartimento.

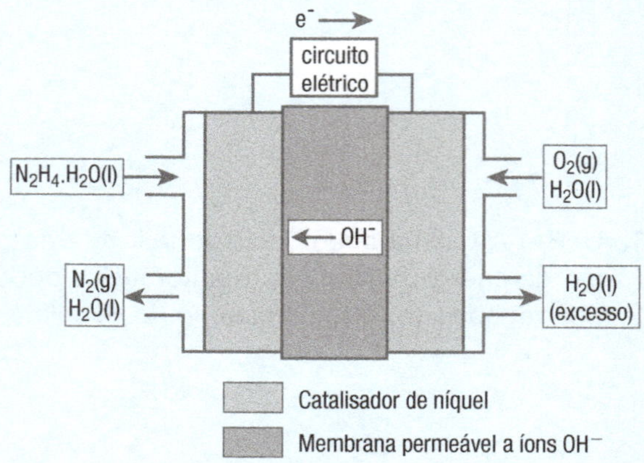

Escreva a equação química balanceada que representa a reação global que ocorre durante o funcionamento dessa célula de combustível e indique os estados de oxidação, nos reagentes e nos produtos, do elemento que é oxidado nesse processo.

Resolução:

O balanceamento das semirreações pode ser realizado pelo método do íon-elétron (apresentado no capítulo 1):

Oxidação

$N_2H_4{\cdot}H_2O(l) \longrightarrow N_2(g) + H_2O(l)$

$N_2H_4{\cdot}H_2O(l) \longrightarrow N_2(g) + H_2O(l) + 4\ H^+(aq)$

$N_2H_4{\cdot}H_2O(l) \longrightarrow N_2(g) + H_2O(l) + 4\ H^+(aq) + 4e^-$

Redução

$O_2(g) \longrightarrow 2\ H_2O(l)$

$O_2(g) + 4\ H^+(aq) \longrightarrow 2\ H_2O(l)$

$O_2(g) + 4\ H^+(aq) + 4e^- \longrightarrow 2\ H_2O(l)$

Somando-se as duas semirreações obtemos a equação da reação global pedida:

$$N_2H_4 \cdot H_2O(l) + O_2(g) \longrightarrow N_2(g) + 3\ H_2O(l)$$

Apesar do meio ser básico, não há necessidade de neutralizar o H^+ (somando OH^-), pois este foi cancelado na soma.

O N é oxidade de −2 a 0:

$$\underset{-2}{N_2H_4 \cdot H_2O(l)} \longrightarrow \underset{0}{N_2(g)}$$

31. (UEL – PR) Como uma alternativa menos poluidora, também, em substituição ao petróleo estão sendo desenvolvidas células a combustível de hidrogênio. Nessas células, a energia química se transforma em energia elétrica, sendo a água o principal produto. A imagem a seguir mostra um esquema de uma célula a combustível de hidrogênio, com as respectivas reações.

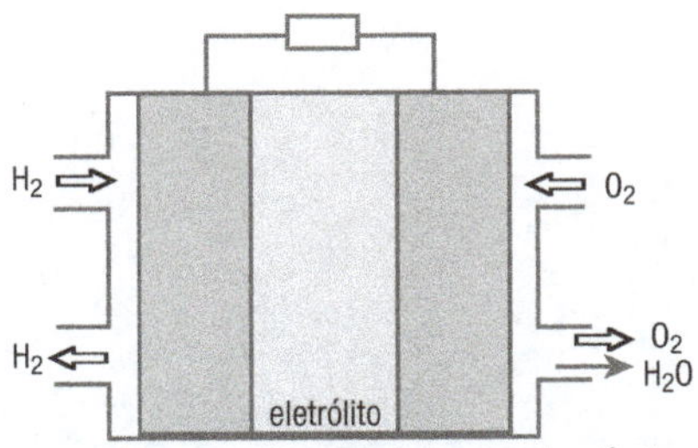

Esquema de uma célula a combustível hidrogênio/oxigênio

Semirreações:

$2\ H^+ + 2e^- \rightleftarrows H_2(g)$ $\quad E^0 = 0{,}00\ V$

$O_2(g) + 4\ H^+ + 4e^- \rightleftarrows 2\ H_2O(l)$ $\quad E^0 = +1{,}23\ V$

Reação global

$$H_2(g) + \frac{1}{2}\ O_2(g) \rightleftarrows H_2O(g)$$

$\Delta H^0 = -246{,}6$ kJ/mol de H_2O

Com base na imagem, nas equações e nos conhecimentos sobre o tema, considere as afirmativas a seguir.

I. No eletrólito, o fluxo dos íons H^+ é do eletrodo alimentado com o gás hidrogênio para o eletrodo alimentado com o gás oxigênio.

II. Na célula o combustível de hidrogênio, a energia química é produzida por duas substâncias simples.

III. Durante operação da célula, são consumidos 2 mol de $O_2(g)$ para formação de 108 g de água.

IV. A quantidade de calor liberado na formação de 1 mol de água, no estado líquido, é maior que 246,6 kJ.

Estão corretas apenas as afirmativas:

a) I e II.
b) II e III.
c) III e IV.
d) I, II e IV.
e) I, III e IV.

Dado: massa molecular H_2O = 18 g/mol.

(FGV) O texto a seguir refere-se às questões de números **32** e **33**.

Ao longo da história, as fontes não renováveis têm sido responsáveis pela maior parte do abastecimento mundial de energia. Como solução para a demanda energética, o hidrogênio representa a primeira fonte de energia universal, pois apesar de não existir na natureza na forma elementar, ele é o elemento mais abundante do universo e pode ser obtido de diversas matérias-primas, que são convertidas usando energia de fontes que vão desde a luz solar, força dos ventos, queda-d'água ou mesmo energia nuclear.

O gás metano, CH_4, oriundo do gás natural ou de biogás, pode ser transformado em hidrogênio por um processo chamado reforma com vapor-d'água, que consiste na reação do gás metano com o vapor-d'água, na presença de um catalisador, produzindo os gases H_2 e CO_2.

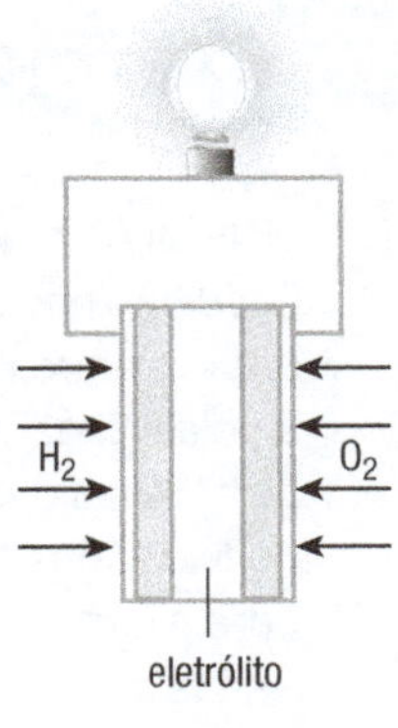

O hidrogênio pode ser armazenado ou transportado para ser convertido em energia, a partir da reação com o oxigênio do ar, em dispositivos chamados células a combustível que geram, além de energia elétrica, água e calor. A figura representa um tipo de célula a combustível. As células a combustível já existem e são empregadas para fins móveis em automóveis e ônibus, para fins estacionários, como geradores elétricos para residências, e também para fins portáteis, como baterias para telefones celulares.

$2\ H^+(aq) + 2e^- \rightleftarrows H_2(g)$ $\quad E^0 = +0{,}0\ V$

$\frac{1}{2}\ O_2(g) + 2\ H^+(aq) + 2e^- \rightleftarrows H_2O(l)$ $\quad E^0 = +1{,}23\ V$

32. Para a produção de 100 m^3 de H_2 pela reforma do metano a 8,2 atm e 127 °C, a quantidade em mols de metano empregado é igual a:

a) $6,25 \times 10^3$
b) $6,25 \times 10^2$
c) $2,50 \times 10^4$
d) $2,50 \times 10^3$
e) $1,00 \times 10^5$

Dado: $R = 0,082 \frac{atm \cdot L}{mol \cdot K}$.

33. Sobre o funcionamento da célula a combustível, são feitas as seguintes afirmações:

I. Forma-se água no ânodo.
II. O gás oxigênio é o agente redutor.
III. Os elétrons transitam do ânodo para o cátodo.
IV. O hidrogênio é introduzido no polo negativo.

É correto o que se afirma apenas em:

a) I e IV. b) II e III. c) III e IV. d) I, II e IV. e) I, III e IV.

34. (UNIFESP) Numa célula de combustível, ao invés de combustão química usual, a reação ocorre eletroquimicamente, o que permite a conversão, com maior eficiência, da energia química, armazenada no combustível, diretamente para energia elétrica. Uma célula de combustível promissora é a que emprega metanol e oxigênio do ar como reagentes, cujo diagrama esquemático é fornecido a seguir:

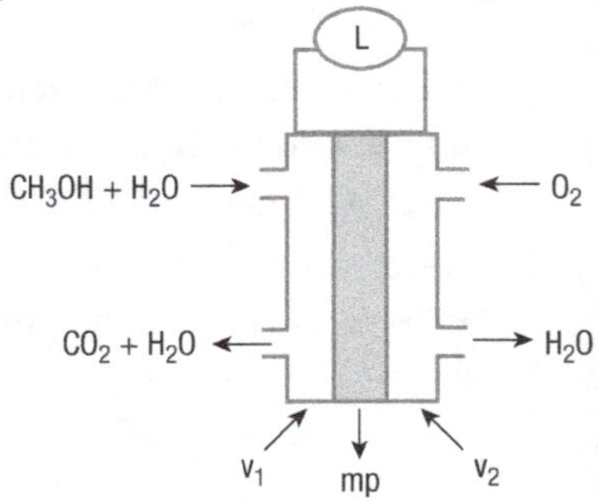

onde

mp = membrana de eletrólito polimérico, permeável a íons.

v_1 e v_2 = recipientes de grafite, contendo catalisador.

L = lâmpada ligada em circuito externo.

A reação global que ocorre no sistema é:

$$2\ CH_3OH + 3\ O_2 \longrightarrow 2\ CO_2 + 4\ H_2O$$

a) Sabendo que, além dos reagentes e produtos da reação global, estão envolvidos íons H^+ no processo, escreva as semirreações que ocorrem em v_1 e v_2.

b) Identifique a natureza e o sentido do deslocamento dos condutores de cargas elétricas no interior da célula combustível, e no circuito elétrico externo que alimenta L.

Exercícios Série Platina

1. (ENEM) As baterias de Ni-Cd muito utilizadas no nosso cotidiano não devem ser descartadas em lixos comuns uma vez que uma considerável quantidade de cádmio é volatilizada e emitida para o meio ambiente quando as baterias gastas são incineradas como componente do lixo. Com o objetivo de evitar a emissão de cádmio para a atmosfera durante a combustão é indicado que seja feita a reciclagem dos materiais dessas baterias.

Uma maneira de separar o cádmio dos demais compostos presentes na bateria é realizar o processo de lixiviação ácida. Nela, tanto os metais (Cd, Ni e eventualmente Co) como os hidróxidos de íons metálicos $Cd(OH)_2(s)$, $Ni(OH)_2(s)$, $Co(OH)_2(s)$ presentes na bateria, reagem com uma mistura ácida e são solubilizados. Em função da baixa seletividade (todos os íons metálicos são solubilizados), após a digestão ácida, é realizada uma etapa de extração dos metais com solventes orgânicos de acordo com a reação:

$$M^{2+}(aq) + 2\ HR(org) \rightleftharpoons MR_2(org) + 2\ H^+(aq)$$

onde

$M^{2+} = Cd^{2+}$, Ni^{2+} ou Co^{2+}

$HR = C_{16}H_{34} - PO_2H$: identificado no gráfico por **X**

$HR = C_{12}H_{12} - PO_2H$: identificado no gráfico por **Y**

O gráfico mostra o resultado da extração utilizando os solventes orgânicos **X** e **Y** em diferentes pH

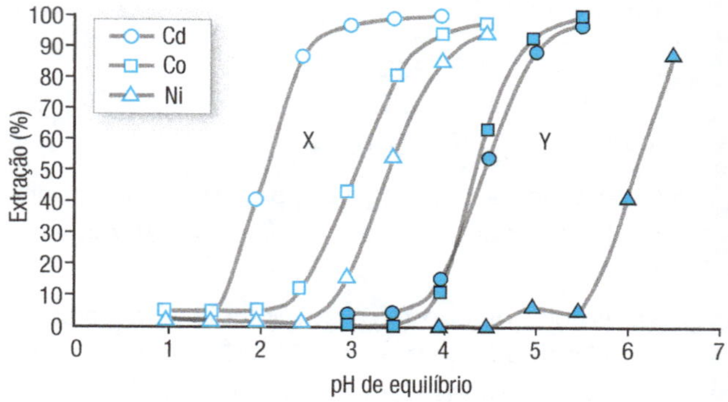

Figura 1 - Extração de níquel, cádmio e cobalto em função do pH da solução utilizando solventes orgânicos X e Y.

Disponível em: <http://www.scielo.br>. *Acesso em*: 28 abr. 2010.

A reação descrita no texto mostra o processo de extração dos metais por meio da reação com moléculas orgânicas X e Y. Considerando-se as estruturas de X e Y e o processo de separação descrito, pode-se afirmar que

a) as moléculas X e Y atuam como extratores catiônicos uma vez que a parte polar da molécula troca o íon H^+ pelo cátion do metal.
b) as moléculas X e Y atuam como extratores aniônicos uma vez que a parte apolar da molécula troca o íon H^+ pelo cátion do metal.
c) as moléculas X e Y atuam como extratores catiônicos uma vez que a parte apolar da molécula troca o íon PO_2^{2-} pelo cátion do metal.
d) as moléculas X e Y atuam como extratores aniônicos uma vez que a parte polar da molécula troca o íon PO_2^{2-} pelo cátion do metal.
e) as moléculas X e Y fazem ligações com os íons metálicos resultando em compostos com caráter apolar o que justifica a eficácia da extração.

2. (ENEM) O crescimento da produção de energia elétrica ao longo do tempo tem influenciado decisivamente o progresso da humanidade, mas também tem criado uma séria preocupação: o prejuízo ao meio ambiente. Nos próximos anos, uma nova tecnologia de geração de energia elétrica deverá ganhar espaço: as células a combustível hidrogênio/oxigênio.

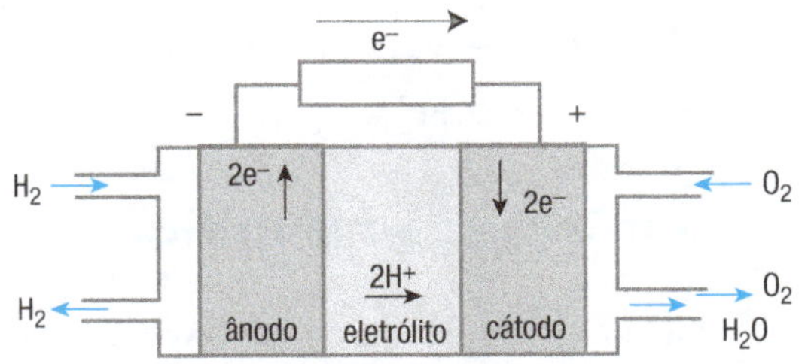

VILLULLAS, H. M.; TICIANELLI, E. A.; GONZÁLEZ, E. R. **Química Nova na Escola**. n. 15, maio 2002.

Com base no texto e na figura, a produção de energia elétrica por meio da célula a combustível hidrogênio/oxigênio diferencia-se dos processos convencionais porque

a) transforma energia química em energia elétrica sem causar danos ao meio ambiente, porque o principal subproduto formado é a água.
b) converte a energia química contida nas moléculas dos componentes em energia térmica, sem que ocorra a produção de gases poluentes nocivos ao meio ambiente.
c) transforma energia química em energia elétrica, porém, emite gases poluentes da mesma forma que a produção de energia a partir dos combustíveis fósseis.
d) converte energia elétrica proveniente dos combustíveis fósseis em energia química, retendo os gases poluentes produzidos no processo sem alterar a qualidade do meio ambiente.
e) converte a energia potencial acumulada nas moléculas de água contida no sistema em energia química, sem que ocorra a produção de gases poluentes nocivos ao meio ambiente.

3. (UFRJ) Em um laboratório de controle de qualidade de uma indústria, peças de ferro idênticas foram separadas em dois grupos e submetidas a processos de galvanização distintos: um grupo de peças foi recoberto com cobre e o outro grupo com níquel, de forma que a espessura da camada metálica de deposição fosse exatamente igual em todas as peças. Terminada a galvanização, notou-se que algumas peças tinham apresentado defeitos idênticos.

Em seguida, amostras de peças com defeitos (B e D) e sem defeitos (A e C), dos dois grupos, foram colocadas numa solução aquosa de ácido clorídrico, como mostra a figura a seguir.

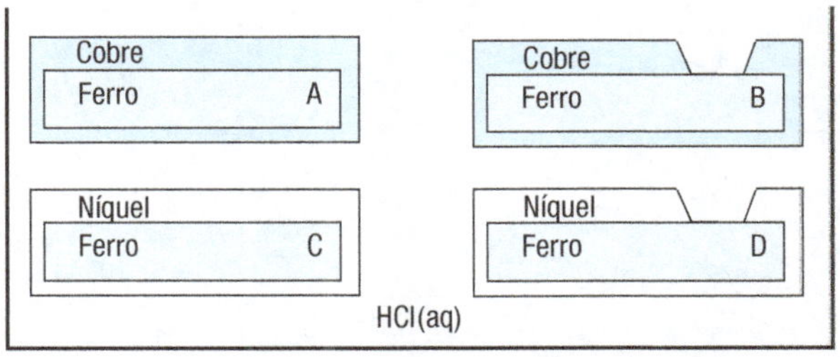

Com base nos potenciais-padrão de redução a seguir, ordene as peças A, B, C e D em ordem decrescente em termos da durabilidade da peça de ferro. Justifique sua resposta.

$Fe^{2+}(aq) + 2e^- \longrightarrow Fe(s)$ ΔE red = −0,41 Volt

$Ni^{2+}(aq) + 2e^- \longrightarrow Ni(s)$ ΔE red = −0,24 Volt

$2\ H^+(aq) + 2e^- \longrightarrow H_2(g)$ ΔE red = 0,00 Volt

$Cu^{2+}(aq) + 2e^- \longrightarrow Cu(s)$ ΔE red = +0,34 Volt

Capítulo 5
Eletrólise Qualitativa

1. Conceito de eletrólise

Eletrólise é uma reação de oxidorredução, provocada pela passagem da corrente elétrica proveniente de um gerador, por exemplo, uma pilha. Observe o esquema:

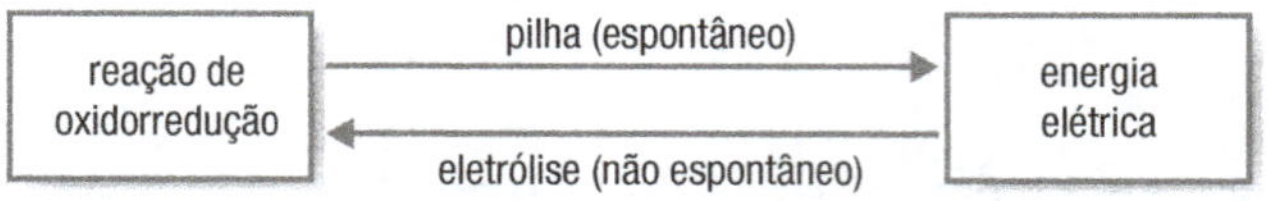

Pilha e eletrólise envolvem fenômenos inversos.
Pilha: $\Delta E^0 > 0$; Eletrólise: $\Delta E^0 < 0$

2. Mecanismo da eletrólise

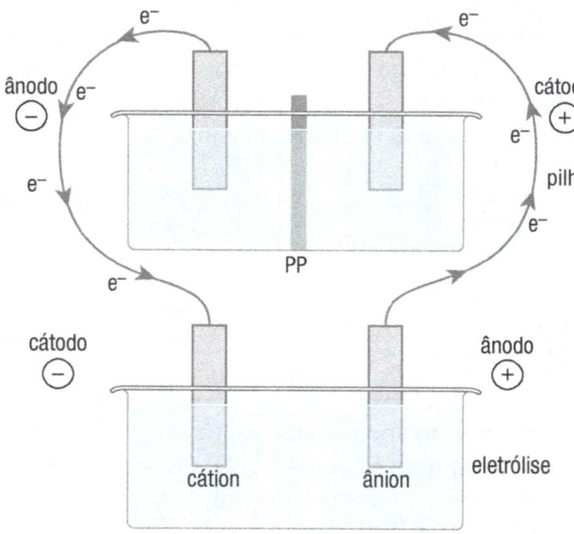

O recipiente em que é feita a eletrólise é chamado de célula de eletrólise ou célula ou cuba eletrolítica. Os eletrodos usados na cuba podem ser grafita ou platina; eles não participam da eletrólise e, portanto, são chamados de eletrodos inertes. O material da cuba deve conter íons livres.

O ânodo da pilha (polo negativo) envia elétrons para o cátodo da cuba (polo negativo) que vão atrair cátions da cuba, ocorrendo uma redução. Os cátions recebem elétrons do cátodo.

O cátodo da pilha (polo positivo) retira elétrons do ânodo da cuba (polo positivo) que vão atrair os ânions da cuba, ocorrendo uma oxidação para repor elétrons que vão para a pilha.

	Cátodo	Ânodo
Pilha	⊕	⊖
Eletrólise	⊖	⊕

3. Semirreação catódica

O cátion migra para o cátodo (polo negativo), onde recebe elétron, sofrendo redução. Em geral, o produto fica neutro, portanto, dizemos que ocorreu uma descarga.

$$\underset{\text{cuba}}{C^{x+}} + \underset{\text{eletrodo}}{xe^-} \longrightarrow \underset{\text{produto}}{C}$$

Exemplos:

$Na^{1+} + e^- \longrightarrow Na$

$Cu^{2+} + 2e^- \longrightarrow Cu$

$Al^{3+} + 3e^- \longrightarrow Al$

$2\,H^+ + 2e^- \longrightarrow H_2$ (meio ácido)

$Fe^{3+} + e^- \longrightarrow Fe^{2+}$

4. Semirreação anódica

O ânion migra para o ânodo (polo positivo), onde perde elétrons, sofrendo oxidação. Em geral, o produto fica neutro, portanto, dizemos que ocorreu uma descarga.

$$\underset{\text{cuba}}{A^{y-}} \longrightarrow \underset{\text{eletrodo}}{ye^-} + \underset{\text{produto}}{A}$$

Exemplos:

$2\,F^{1-} \longrightarrow 2e^- + F_2$

$2\,Cl^{1-} \longrightarrow 2e^- + Cl_2$

$2\,I^{1-} \longrightarrow 2e^- + I_2$

$S^{2-} \longrightarrow 2e^- + S$

$2\,OH^- \longrightarrow 2e^- + \frac{1}{2}\,O_2 + H_2O$ (meio básico)

Observe que a oxidação do OH^- é o inverso da redução do O_2 que ocorria na corrosão dos metais.

5. Esquema da cuba eletrolítica

Um gerador (pilha ou bateria) pode ser simbolizado usando um traço maior indicando o polo positivo e um traço menor indicando o polo negativo.

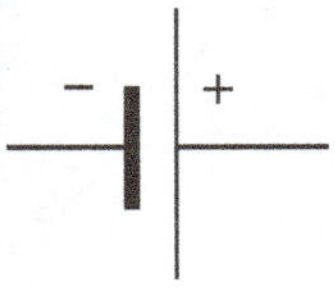

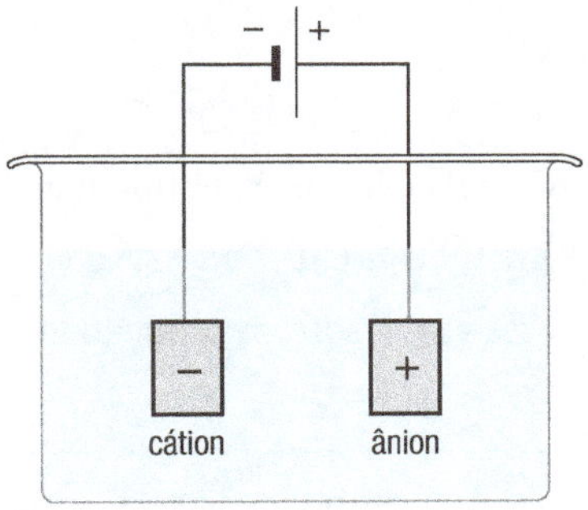

Condições para a ocorrência de uma eletrólise:

a) cuba eletrolítica deve possuir íons livres para a ocorrência da oxidação e redução.

b) a voltagem do gerador deve ser um pouco superior à voltagem dos componentes da cuba.

6. Eletrólise ígnea

6.1 Conceito

A substância é aquecida para obter uma fusão total, isto é, teremos cátions e ânions livres. Como esse processo usou calor temos uma **eletrólise ígnea**.

Exemplo:

$$NaCl(s) \xrightarrow[\Delta]{800\ °C} Na^+(l) + Cl^-(l)$$

6.2 Eletrólise ígnea do NaCl

fusão: $NaCl(s) \xrightarrow{\Delta} Na^+(l) + Cl^-(l)$

cátodo: $Na^+(l) + e^- \longrightarrow Na(l)$

ânodo: $Cl^-(l) \longrightarrow e^- + \frac{1}{2} Cl_2(g)$

global: $NaCl(s) \xrightarrow{i} Na\ (l) + \frac{1}{2} Cl_2(g)$

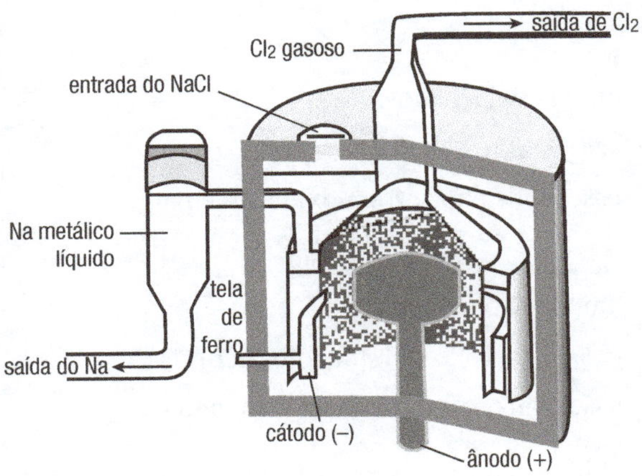

Através da eletrólise ígnea do NaCl foi obtido o metal sódio, pois este não é encontrado na natureza.

6.3 Eletrólise ígnea do $MgCl_2$

O cátion Mg^{2+} é encontrado dissolvido na água do mar. Para obter o metal Mg temos a sequência abaixo.

- Formação de $Mg(OH)_2$ pela adição de uma base forte na água do mar.

$$Mg^{2+} + 2\ OH^- \longrightarrow Mg(OH)_2$$

- Formação de $MgCl_2$ através da reação entre $Mg(OH)_2$ e HCl.

$$Mg(OH)_2 + 2\ HCl \longrightarrow MgCl_2 + 2\ H_2O$$

- Eletrólise ignea do $MgCl_2$.

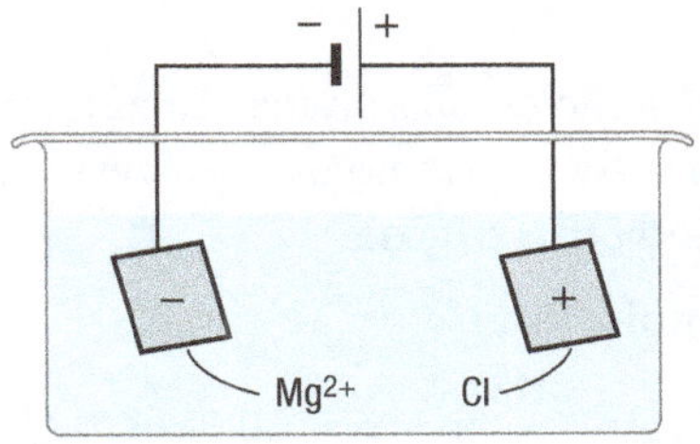

fusão: $MgCl_2(s) \xrightarrow{\Delta} Mg^{2+}(l) + 2\ Cl^-(l)$

cátodo: $Mg^{2+}(l) + 2e^- \longrightarrow Mg(l)$

ânodo: $2\ Cl^- \longrightarrow 2e^- + Cl_2(g)$

global: $MgCl_2(s) \xrightarrow{i} Mg(l) + Cl_2(g)$

6.4 Eletrólise ígnea do Al_2O_3

Industrialmente, alumínio é obtido a partir da bauxita. Esta é primeiro purificada, obtendo-se o óxido de alumínio, Al_2O_3, que é, em seguida, misturado com um fundente (criolita: Na_3AlF_6) e submetido a uma eletrólise ígnea, obtendo-se, então, o metal alumínio. O consumo de energia elétrica é muito grande. A função da criolita é diminuir o ponto de fusão, pois o Al_2O_3 funde a 2.050 °C. O cátodo é feito de aço (Fe + C) e o ânodo de grafita.

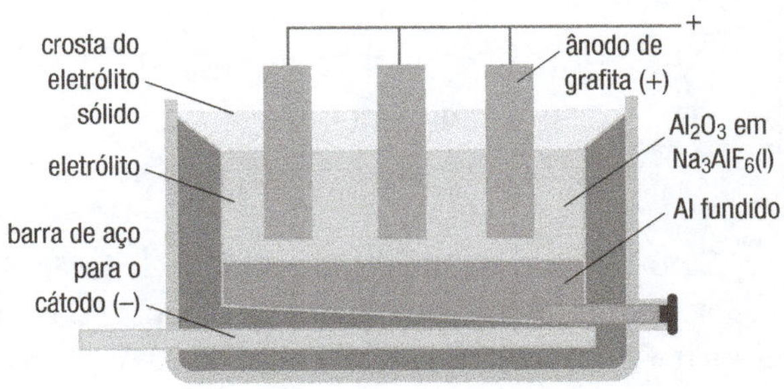

fusão: $Al_2O_3(s) \xrightarrow{\Delta} 2\,Al^{3+}(l) + 3\,O^{2-}(l)$

cátodo: $Al^{3+}(l) + 3e^- \longrightarrow Al(l)$

ânodo: $O^{2-}(l) \longrightarrow 2e^- + \frac{1}{2}\,O_2(g)$

global: $Al_2O_3(s) \xrightarrow{i} 2\,Al(l) + \frac{3}{2}\,O_2(g)$

O ânodo de grafita combina com o gás oxigênio, formando CO_2.

$$C + O_2 \longrightarrow CO_2$$

Desta maneira, depois de certo tempo, novos ânodos deverão ser colocados na cuba.

7. Eletrólise aquosa com eletrodos inertes

7.1 Conceito

A substância é dissolvida em água para obter cátions e ânions livres. Como esse processo usou água temos uma **eletrólise aquosa**.

Exemplo:

$$NaCl(s) \xrightarrow{H_2O} Na^+(aq) + Cl^-(aq)$$

7.2 Facilidade de descarga em eletrólise aquosa no cátodo

A água, como é uma molécula polar, pode sofrer redução no cátodo em vez do cátion da substância que foi dissolvida na água.

A redução da molécula da água é semelhante à redução do cátion H^+ em meio ácido. Observe os esquemas:

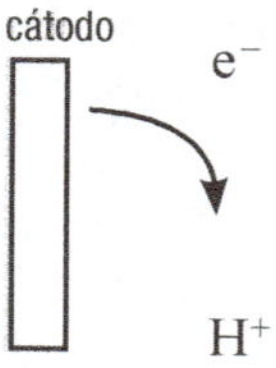

$$H^+ + e^- \longrightarrow \frac{1}{2}H_2$$

ou

$$2\,H^+ + 2e^- \longrightarrow H_2$$

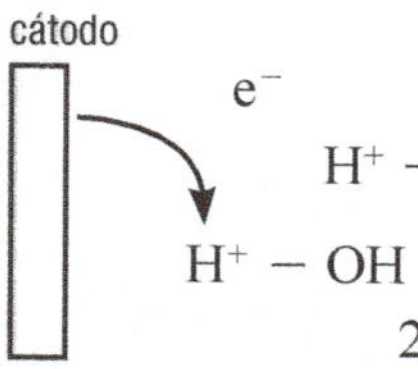

$$H^+ - OH + e^- \longrightarrow \frac{1}{2}H_2 + OH^- \quad -0{,}83\ V$$

ou

$$2\,H_2O + 2e^- \longrightarrow H_2 + 2\,OH^- \quad -0{,}83\ V$$

Se o cátion tiver maior potencial de redução que $-0{,}83$ V sofrerá redução em lugar da água; se o cátion tiver menor potencial de redução que $-0{,}83$ V é a água que sofrerá a redução. A ordem de descarga é a seguinte:

grupo 1: Li^+, Na^+, K^+...

grupo 2: Mg^{2+}, Ca^{2+}, Ba^{2+}...

Al^{3+}

esses íons não sofrem redução em água

$E^0 < -0{,}83$ V

H_2O*

demais cátions e H^+ (meio ácido)

Zn^{2+}, Fe^{2+}, Cu^{2+}, Ni^{2+}, Ag^+

esses íons sofrem redução em água

$E^0 > -0{,}83$ V

* Alguns autores usam H^+ em vez de H_2O.

7.3 Facilidade de descarga em eletrólise aquosa no ânodo

A água, como é uma molécula polar, pode sofrer oxidação no ânodo em vez do ânion da substância que foi dissolvida na água.

O oxigênio da água (polo negativo) perde dois elétrons para o ânodo formando gás oxigênio e cátion H^+. Observe o esquema:

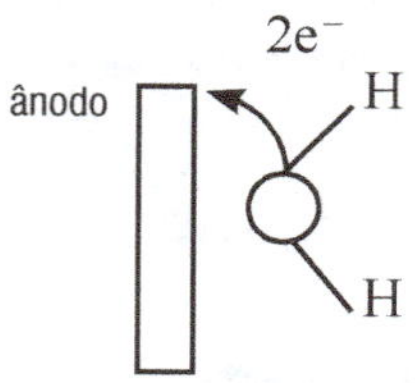

$$H_2\overset{2-}{O} \longrightarrow 2e^- + \frac{1}{2}\,O_2 + 2\,H^+ \quad -1{,}23\ V$$

Verifica-se que ânions não oxigenados (Cl^-, Br^-, I^-) oxidam no lugar da água. No caso de ânions oxigenados (NO_3^-, SO_4^{2-}, PO_4^{3-}) e F^-, é a água que oxida. A ordem de descarga é:

F^-

ânions oxigenados:

(NO_3^-, SO_4^{2-}, PO_4^{3-})

esses íons não sofrem oxidação em água.

H_2O*

ânions não oxigenados:

(Cl^-, Br^-, I^-) e OH^-(meio básico)

esses íons sofrem oxidação em água.

* Alguns autores usam OH^- em vez de H_2O.

7.4 Eletrólise aquosa do NaCl

A eletrólise de uma solução concentrada de NaCl (salmoura) produz no cátodo H_2, no ânodo Cl_2 e na cuba solução aquosa de NaOH. Observe o esquema abaixo:

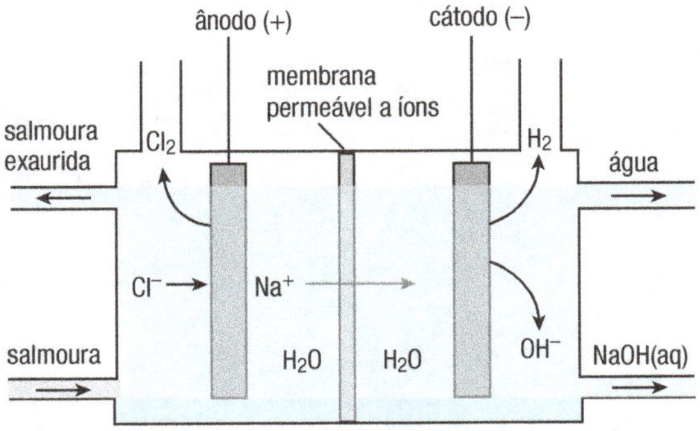

dissociação do NaCl:

$$NaCl \xrightarrow{H_2O} Na^+ + Cl^-$$

cátodo (Na^+ ou H_2O):

$$2\,H_2O + 2e^- \longrightarrow H_2 + 2\,OH^-$$

ânodo: (Cl^- ou H_2O):

$$2\,Cl^- \longrightarrow 2e^- + Cl_2$$

equação global:

$$2\,NaCl + 2\,H_2O \longrightarrow H_2 + Cl_2 + 2\,Na^+ + 2\,OH^-$$

Colocando algumas gotas de fenolftaleína ao redor do cátodo verifica-se que a solução fica vermelha devido à formação do íon OH^-.

A eletrólise da salmoura também é utilizada para obter HCl e solução aquosa de hipoclorito de sódio (água de lavadeira).

$H_2 + Cl_2 \longrightarrow 2\,HCl$ (cloreto de hidrogênio)

$HCl \xrightarrow{H_2O} H^+ + Cl^-$ (ácido clorídrico)

$Cl_2 + 2\,NaOH \longrightarrow NaCl + NaClO + H_2O$

8. Eletrólise aquosa usando no ânodo um eletrodo ativo

8.1 Conceito

Eletrodo ativo é todo eletrodo que sofre oxidação no ânodo numa cela eletrolítica, em vez da água ou do ânion dissolvido.

Exemplos:

eletrodo de cobre no ânodo: $Cu \longrightarrow Cu^{2+} + 2e^-$

eletrodo de prata no ânodo: $Ag \longrightarrow Ag^+ + e^-$

eletrodo de níquel no ânodo: $Ni \longrightarrow Ni^{2+} + 2e^-$

Esse fenômeno não ocorre para Pt, Au e grafita (eletrodos inertes).

No cátodo a redução ocorre com a água ou com o cátion dissolvido.

8.2 Eletrólise de H_2SO_4 em solução aquosa diluída, com eletrodos de cobre

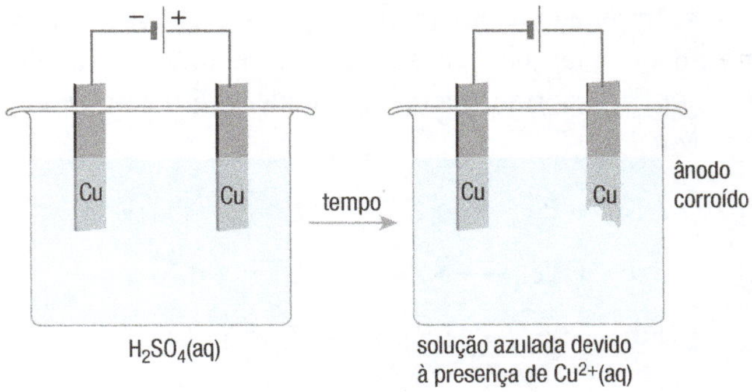

dissociação do H_2SO_4:

$$H_2SO_4 \longrightarrow 2\,H^+ + SO_4^{2-}$$

cátodo (H^+ ou H_2O):

$$2\,H^+ + 2e^- \longrightarrow H_2$$

ânodo de Cu:

$$Cu \longrightarrow Cu^{2+} + 2e^-$$

equação global:

$$H_2SO_4 + Cu \longrightarrow H_2 + Cu^{2+} + SO_4^{2-}$$

8.3 Refino eletrolítico do cobre

Esse processo é usado para purificar o cobre, obtendo cobre com pureza da ordem de 99,9% que é usado na fabricação de fios elétricos (as impurezas diminuem exageradamente a condutividade elétrica do cobre). Usa-se como ânodo um bloco de cobre impuro e como cátodo um fio de cobre puro. Observe os esquemas.

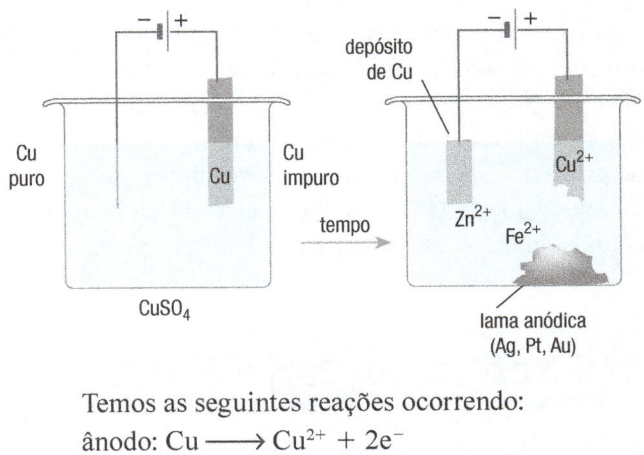

Temos as seguintes reações ocorrendo:

ânodo: $Cu \longrightarrow Cu^{2+} + 2e^-$

cátodo: $Cu^{2+} + 2e^- \longrightarrow Cu$

global: ?

Na reação global, não aparecem substâncias novas. O que acontece é que o Cu do ânodo passa para a solução sob forma de Cu^{2+} e este deposita-se no cátodo sob forma de Cu. Os íons SO_4^{2-} e a água não tomam parte na eletrólise. No final dela, há apenas o transporte do Cu^{2+} do ânodo para o cátodo. Durante a eletrólise, há corrosão do ânodo e deposição no cátodo.

Impurezas mais reativas que o cobre se oxidam no ânodo, mas não conseguem se reduzir no cátodo (menor E^0_{red}), permanecendo em solução. É o caso de Fe, Zn, Mn...

$Cu^{2+} + 2e^- \longrightarrow Cu \qquad E^0 = +0,34\ V$

$Zn^{2+} + 2e^- \longrightarrow Zn \qquad E^0 = -0,76\ V$

$Fe^{2+} + 2e^- \longrightarrow Fe \qquad E^0 = -0,44\ V$

Impurezas menos reativas que o cobre não se oxidam no ânodo e se depositam embaixo do ânodo formando a "lama anódica". É o caso de Au, Ag, Pt.

Ao final, a lama anódica é removida da cuba e vendida, a fim de pagar o custo da eletricidade exigida pela eletrólise; portanto, o custo da purificação do cobre é quase nenhum.

9. Galvanoplastia ou eletrodeposição

9.1 Conceito

A galvanoplastia é uma técnica utilizada para revestir peças com um determinado metal por meio da eletrólise. A finalidade da galvanoplastia é evitar a corrosão da peça, aumentando a sua durabilidade, ou para efeito decorativo. Esse processo é utilizado na prateação, niquelação e cromação de peças.

O objeto que vai receber o revestimento metálico é ligado ao polo negativo do gerador e se torna cátodo. No caso do objeto ser de plástico, que não é um bom condutor, um tratamento superficial o tornará condutor (pó de grafita). O ânodo pode ser do metal que vai revestir ou ânodo inerte (Pt). A solução eletrolítica contém os cátions do metal que se quer como revestimento.

9.2 Prateação

A figura a seguir ilustra a aparelhagem usada na prateação de um objeto.

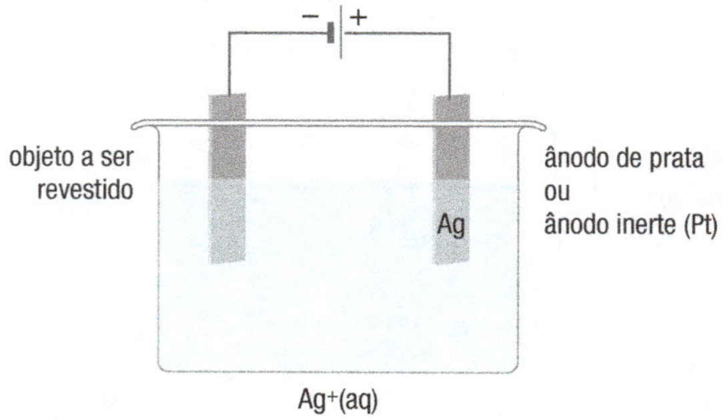

Temos as seguintes reações.

cátodo: $Ag^+ + e^- \longrightarrow Ag$ (reveste o objeto)

ânodo de Ag: $Ag \longrightarrow Ag^+ + e^-$ (corrosão)

No caso de se usar ânodo inerte (Pt) em vez de ânodo de Ag, a concentração de Ag^+ na solução precisa ser maior, porque não há formação de Ag^+ no ânodo.

9.3 Niquelação

A figura a seguir ilustra a aparelhagem usada na niquelação de um objeto.

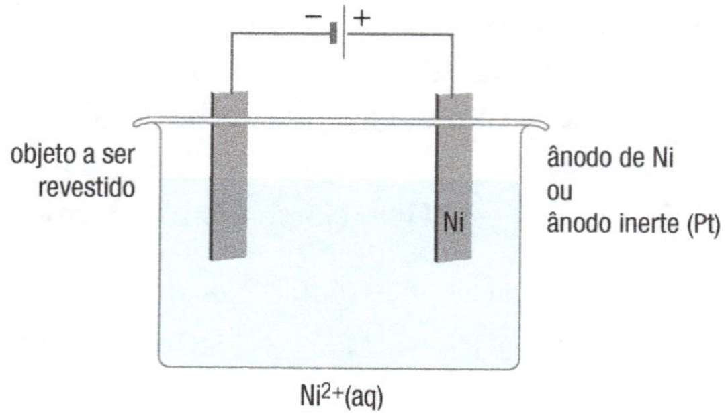

Temos as seguintes reações:

cátodo: $Ni^{2+} + 2e^- \longrightarrow Ni$ (reveste o objeto)

ânodo de Ni: $Ni \longrightarrow Ni^{2+} + 2e^-$ (corrosão)

Exercícios Série Prata

1. Complete as semirreações catódicas.

a) $Na^+ +$

b) $Zn^{2+} +$

c) $Al^{3+} +$

d) $H^+ +$

2. Complete as semirreações anódicas.

a) $F^- \longrightarrow$

b) $Cl^- \longrightarrow$

c) $Br^- \longrightarrow$

d) $I^- \longrightarrow$

e) $S^{2-} \longrightarrow$

f) $OH^- \longrightarrow$

3. Complete.
Eletrólise ígnea do NaCl

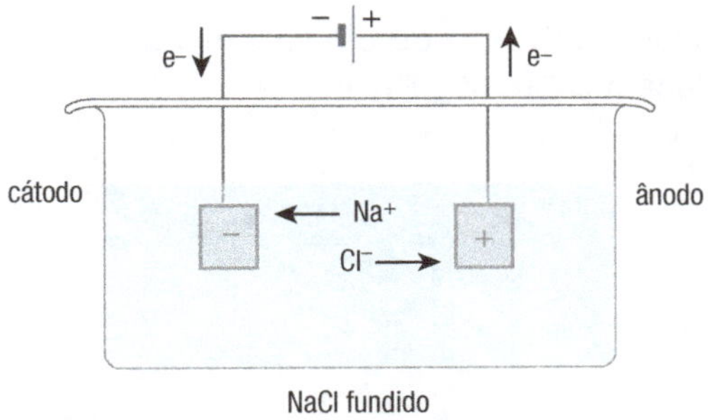

a) dissociação do NaCl $\xrightarrow{\Delta}$ ______________________

b) cátodo: Na^+ ______________________

c) ânodo: Cl^- ______________________

d) equação global: ______________________

principal finalidade: obtenção do metal sódio

4. Complete.
Eletrólise ígnea do $MgCl_2$

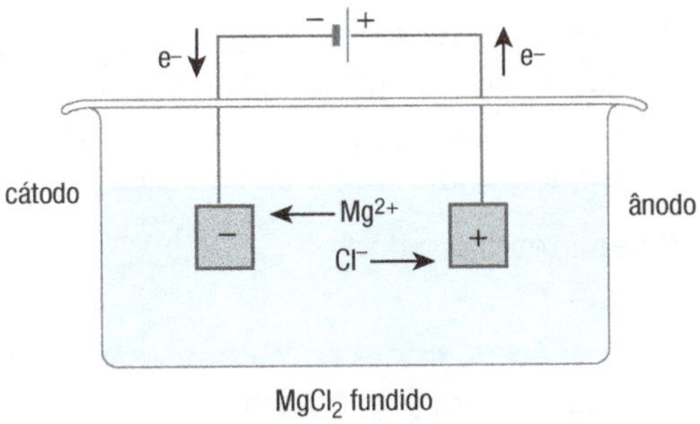

a) dissociação do $MgCl_2$ $\xrightarrow{\Delta}$ ______________________

b) cátodo: Mg^{2+} ______________________

c) ânodo: Cl^- ______________________

d) equação global: ______________________

principal finalidade: obtenção do metal magnésio

5. Complete.
Eletrólise ígnea de Al_2O_3

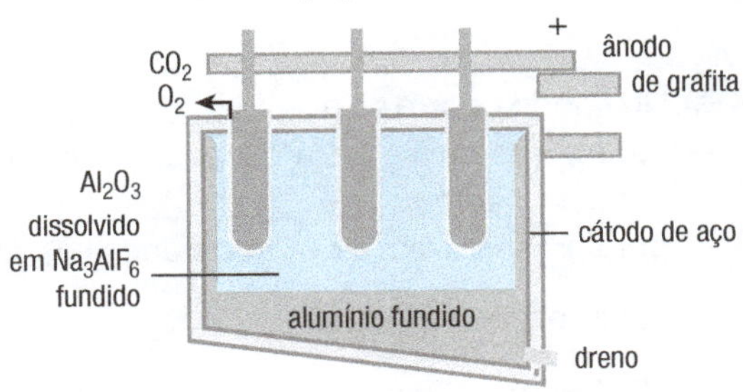

a) dissociação do Al_2O_3 $\xrightarrow{\Delta}$ ______________________

b) cátodo ______________________

c) ânodo ______________________

d) equação global ______________________

Notas:
A função da criolita é abaixar o ponto de fusão, pois o Al_2O_3 funde a 2.050 °C. O consumo de energia elétrica é muito grande.
O ânodo de grafita combina com o gás oxigênio, formando dióxido de carbono (CO_2).
Desta maneira, depois de certo tempo, novos ânodos deverão ser colocados na célula.

6. Marque com **X** a espécie que sofre descarga no cátodo.

a) Ag^+ ______ H_2O ______

b) Al^{3+} ______ H_2O ______

c) Na^+ ______ H_2O ______

d) H^+ ______ H_2O ______

e) Cu^{2+} ______ H_2O ______

7. Marque com **X** a espécie que sofre descarga no ânodo.

a) Cl^- ______ H_2O ______

b) NO_3^- ______ H_2O ______

c) SO_4^{2-} ______ H_2O ______

d) F^- ______ H_2O ______

e) OH^- ______ H_2O ______

8. Complete.
Eletrólise de solução aquosa de NaCl, com eletrodos inertes.

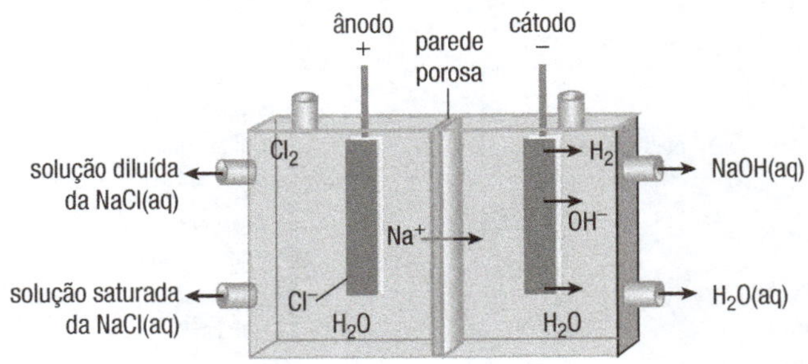

a) dissociação do NaCl $\longrightarrow$ ______________________

b) cátodo (Na^+ ou H_2O) ______________________

c) ânodo (Cl^- ou H_2O) ______________________

d) equação global ______________________

9. Complete.
Eletrólise em solução aquosa do $NiCl_2$.

a) dissociação do $NiCl_2$ $\longrightarrow$ ______________________

b) cátodo (Ni^{2+} ou H_2O) ______________________

c) ânodo (Cl^- ou H_2O) ______________________

d) equação global ______________________

10. Complete.

Eletrólise em solução do KI.

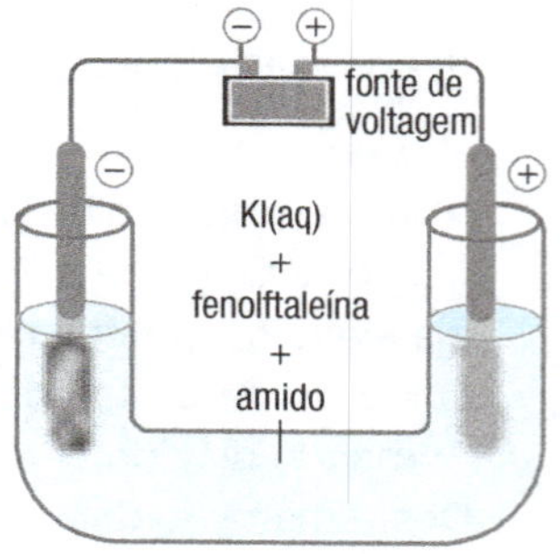

Junto ao polo negativo (cátodo) haverá excesso de OH^-, o que é evidenciado pela coloração vermelha da fenolftaleína. Junto ao polo positivo (ânodo) o aparecimento de uma coloração azul escura evidencia a formação de iodo, I_2.

a) dissociação do KI $\longrightarrow$ ______________________

b) cátodo (K^+ ou H_2O) ______________________

c) ânodo (I^- ou H_2O) ______________________

d) equação global: ______________________

11. Complete.

Eletrólise em solução aquosa do Na_2SO_4

a) dissociação do Na_2SO_4 $\longrightarrow$ ______________________

b) cátodo (Na^+ ou H_2O) ______________________

c) ânodo (SO_4^{2-} ou H_2O) ______________________

d) equação global ______________________

12. Complete.

Eletrólise em solução aquosa de $NiSO_4$ com ânodo de níquel (niquelação).

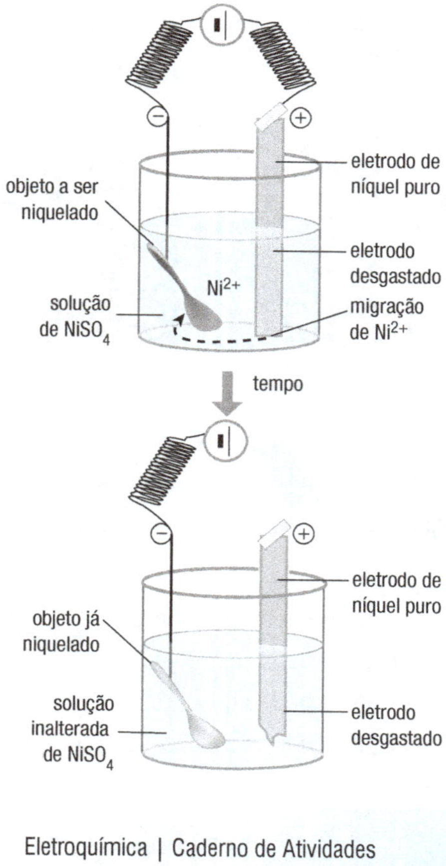

a) dissociação do $NiSO_4$ ______________________

b) cátodo (Ni^{2+} ou H_2O) ______________________

c) ânodo (Ni ou H_2O) ______________________

d) equação global ______________________

13. Purificação do cobre com impurezas mais reativas que o cobre (Zn, Fe).

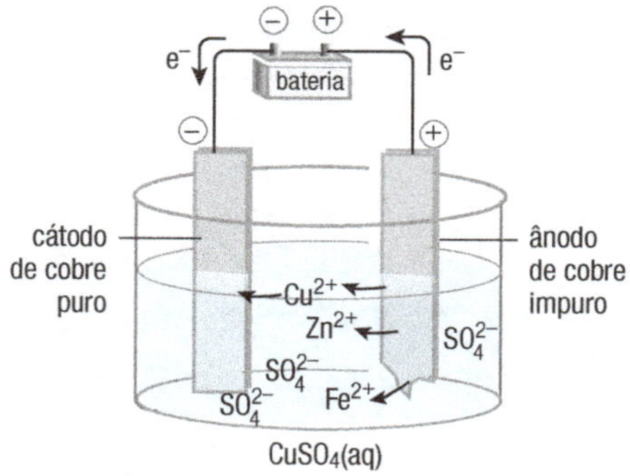

Complete.

a) cátodo: Cu ______________________

b) ânodo: Cu ______________________

c) No ânodo ocorreu a ______________________ do cobre, ferro e do zinco, porém, somente ocorre a ______________________ do Cu^{2+} no cátodo, pois tem maior potencial de redução.

d) semirreação catódica ______________________

14. Purificação de cobre com impurezas menos reativas que o cobre (Ag, Au, Pt).

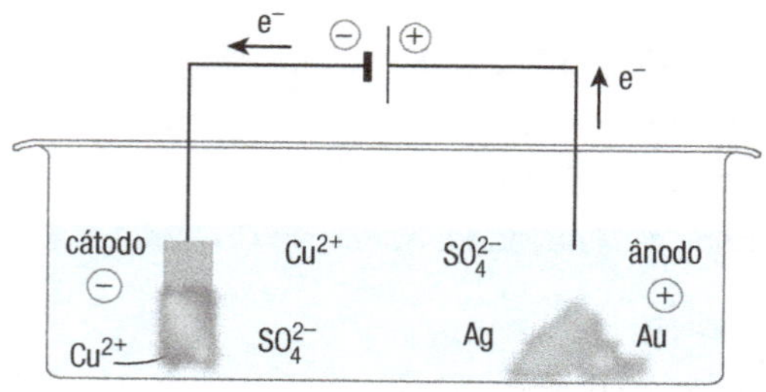

a) No ânodo ocorre só a ______________________ do cobre, que passa a Cu^{2+}, enquanto nem a prata nem ouro sofrem ______________________, por apresentarem elevado potencial de redução.

b) semirreação catódica ______________________

c) Os metais ______________________ são depositados abaixo do ânodo, formando a lama anódica.

Exercícios Série Ouro

1. (UFRJ) Os esquemas **I** e **II** ilustram transformações químicas:

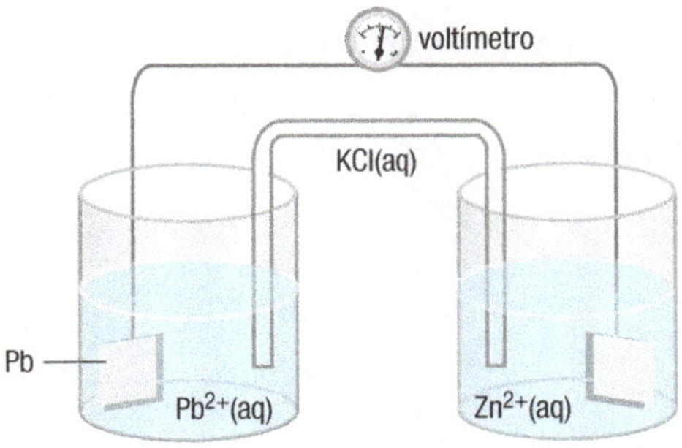

Esquema I

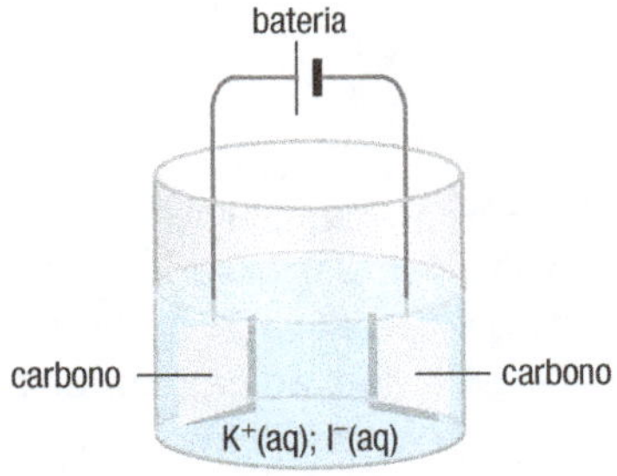

Esquema II

Observando-se os esquemas, pode-se assegurar que:

a) no esquema I, ocorre uma reação não espontânea de oxirredução.
b) no esquema I, a energia elétrica é convertida em energia química.
c) no esquema II, os eletrodos de carbono servem para manter o equilíbrio iônico.
d) no esquema II, a energia elétrica é convertida em energia química.
e) no esquema II, ocorre uma reação espontânea de oxidação.

2. (PUC – SP) Para obter potássio e cloro a partir de KCl sólido, deve-se fazer uma eletrólise com eletrodos inertes.

Assinale a alternativa incorreta.

a) Para que a eletricidade ocorra, é preciso fundir a amostra de KCl.
b) O ânion Cl^- será oxidado no ânodo.
c) O cátion K^+ será reduzido no cátodo.
d) O potássio obtido será recolhido em recipiente contendo água, para evitar o seu contato com o ar.
e) Se os eletrodos fossem de cobre, o cloro formado reagiria com eles.

3. (VUNESP) O magnésio está presente na água do mar em quantidade apreciável. O íon Mg^{2+} é precipitado da água do mar como hidróxido, que convertido a cloreto por tratamento com ácido clorídrico. Após a evaporação da água, o cloreto de magnésio é fundido e submetido à eletrólise.

a) Escreva as equações de todas as reações.
b) Quais os produtos da eletrólise e seus estados físicos?

4. (UEL – PR) Na obtenção de prata por eletrólise de solução aquosa de nitrato de prata, o metal se forma no:

a) cátodo, por redução de íons Ag^+.
b) cátodo, por oxidação de íons Ag^+.
c) cátodo, por redução de átomos Ag.
d) ânodo, por redução de íons Ag^+.
e) ânodo, por oxidação de átomos Ag.

5. (MACKENZIE – SP) O fluoreto de sódio é um sal inorgânico derivado do fluoreto de hidrogênio, usado na prevenção de cáries, na fabricação de defensivos agrícolas e pastas de dentes. Nessa última aplicação, esse sal inibe a desmineralização dos dentes, prevenindo, por isso, as cáries. Em condições e cuidados adequados para tal, foram realizadas as eletrólises ígnea e aquosa dessa substância, resultando em uma série de informações, as quais constam da tabela a seguir:

	Eletrólise ígnea	Eletrólise aquosa
Descarga no ânodo	íon F^-	íon OH^-
Substância produzida no ânodo	gás flúor	vapor de água
Descarga no cátodo	íon Na^+	íon H^+
Substância produzida no cátodo	sódio metálico	gás hidrogênio

De acordo com seus conhecimento eletroquímicos, pode-se afirmar que, na tabela preenchida com informações dos processos eletrolíticos,

a) não há informações incorretas.
b) todas as informações estão incorretas.
c) há apenas uma informação incorreta.
d) há duas informações incorretas.
e) há três informações incorretas.

Resolução:

Eletrólise ígnea:

$$NaF(l) \longrightarrow Na^+(l) + F^-(l)$$

ânodo: $2\ F^-(l) \longrightarrow F_2(g) + 2e^-$

cátodo: $Na^+(l) + e^- \longrightarrow Na(l)$

Eletrólise aquosa:

$$NaF(aq) \longrightarrow Na^+(aq) + F^-(aq)$$

ânodo: $2\ OH^-(aq) \longrightarrow H_2O(l) + \frac{1}{2}\ O_2(g) + 2e^-$

OH^- proveniente da dissociação da água

erro: há produção de $O_2(g)$ em vez do vapor-d'água.

cátodo: $2\ H^+(aq) + 2e^- \longrightarrow H_2(g)$

H^+ proveniente da dissociação da água

Resposta: alternativa c.

6. (UFRGS – RS) Um estudante apresentou um experimento sobre eletrólise na feira de ciências de sua escola. O esquema do experimento foi representado pelo estudante em um cartaz como o reproduzido abaixo.

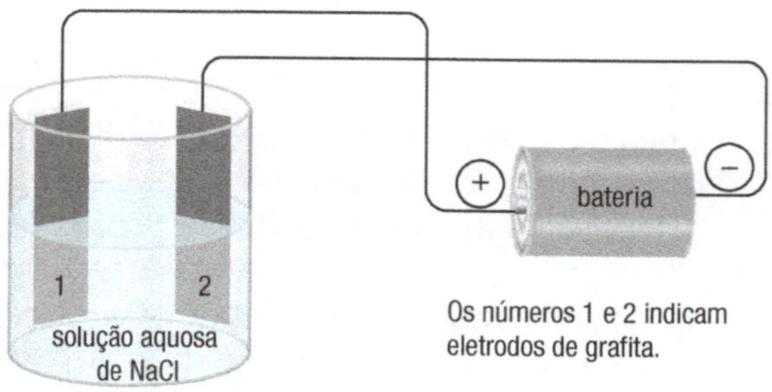

Os números 1 e 2 indicam eletrodos de grafita.

Em outro cartaz, o aluno listou três observações que realizou e que estão transcritas abaixo.

I. Houve liberação de gás cloro no eletrodo 1.
II. Formou-se uma coloração rosada na solução próxima ao eletrodo 2, quando se adicionaram gotas de solução de fenolftaleína.
III. Ocorreu uma reação de redução do cloro no eletrodo 1.

Quais observações são corretas?

a) Apenas I.
b) Apenas II.
c) Apenas III.
d) Apenas I e II.
e) I, II e III.

7. (FUVEST – SP) Uma solução aquosa de iodeto de potássio (KI) foi eletrolisada, usando-se a aparelhagem esquematizada na figura. Após algum tempo de eletrólise, adicionam-se algumas gotas de solução de fenolftaleína na região do eletrodo A e algumas gotas de solução de amido na região do eletrodo B. Verificou-se o aparecimento da cor rosa na região de A e da cor azul (formação de iodo) na região de B.

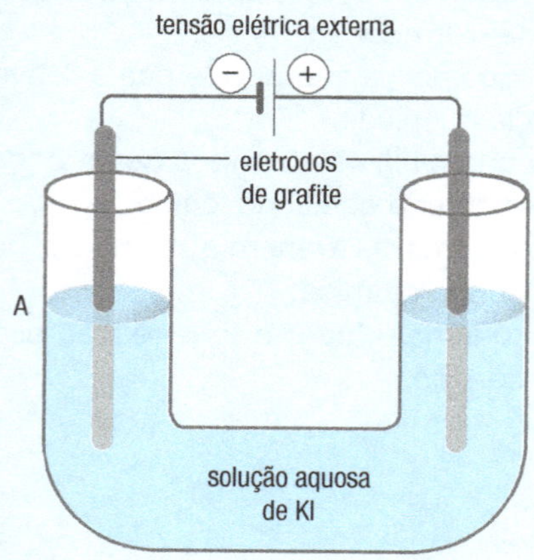

Nessa eletrólise:

I. no polo negativo, ocorre redução da água com formação de OH^- e de H_2.
II. no polo positivo, o iodeto ganha elétrons e forma iodo.
III. a grafita atua como condutora de elétrons.

Dessas afirmações, apenas:

a) I é correta.
b) II é correta.
c) III é correta.
d) I e III são corretas.
e) II e III são corretas.

Resolução:

I. Correta: polo negativo (cátodo): ocorre redução da água.

$$2\ H_2O(l) + 2e^- \longrightarrow H_2(g) + 2\ OH^-(aq)$$

II. Incorreta: polo positivo (ânodo): I^- perde elétrons

$$2\ I^-(aq) \longrightarrow I_2(s) + 2e^-$$

III. Correta: a grafita atua como condutora de elétrons (eletrodo).

Resposta: alternativa d.

8. (UNIFESP – adaptada) A uma solução aquosa contendo KI suficiente para tornar o meio condutor foram adicionadas algumas gotas do indicador fenolftaleína. A solução resultante foi eletrolisada com eletrodos inertes, no dispositivo esquematizado a seguir.

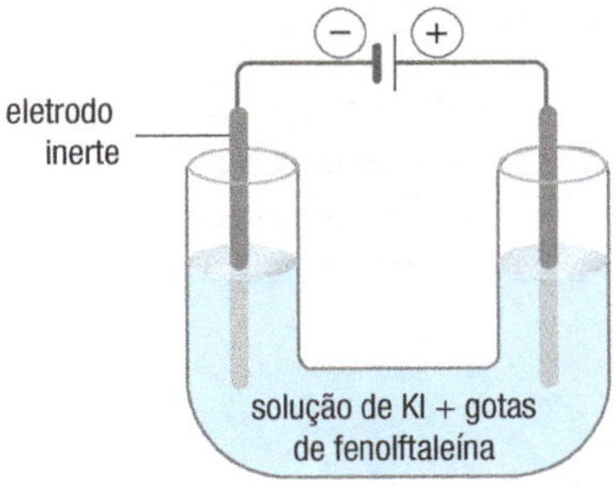

São fornecidos os potenciais-padrão de redução das espécies químicas presentes na solução, que podem sofrer oxidorredução no processo.

$$K^+(aq) + e^- \longrightarrow K(s)$$

$$2\ H_2O(l) + 2e^- \longrightarrow H_2(g) + 2\ OH^-(aq)$$

$$I_2(s) + 2e^- \longrightarrow 2\ I^-(aq)$$

$$O_2(g) + 4\ H^+(aq) + 4e^- \longrightarrow H_2O(l)$$

Com base nesses dados, pode-se prever que, durante a eletrólise da solução, haverá desprendimento de gás:

a) em ambos os eletrodos, e aparecimento de cor vermelha apenas ao redor do eletrodo positivo.

b) em ambos os eletrodos, e aparecimento de cor vermelha também ao redor dos dois eletrodos.

c) somente do eletrodo positivo, e deposição de potássio metálico ao redor do eletrodo negativo.

d) somente do eletrodo positivo, e aparecimento de cor vermelha apenas ao redor do mesmo eletrodo.

e) somente do eletrodo negativo, e aparecimento de cor vermelha apenas ao redor do mesmo eletrodo.

9. (PUC) O indicador fenolftaleína é incolor em pH < 8 e rosa em pH acima de 8.

– amido é utilizado como indicador da presença de iodo em solução, adquirindo uma intensa coloração azul devido ao complexo iodo-amido formado.

Um experimento consiste em passar corrente elétrica contínua em uma solução aquosa de iodeto de potássio (KI). O sistema está esquematizado a seguir.

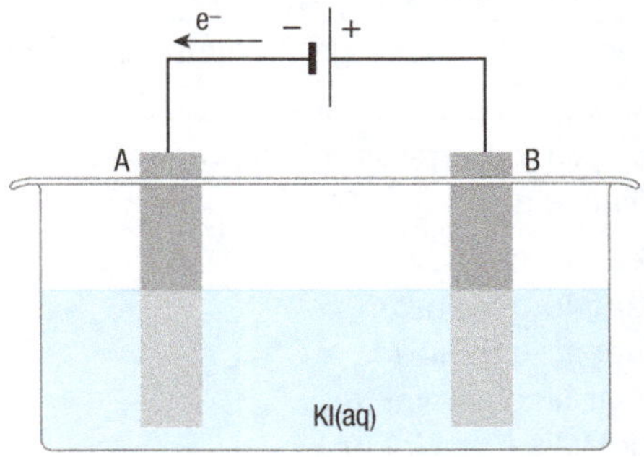

Para auxiliar a identificação dos produtos, são adicionados, próximo aos eletrodos, solução alcoólica de fenolftaleína e dispersão aquosa de amido. Sobre o experimento é incorreto afirmar que:

a) haverá formação de gás no eletrodo B.

b) a solução ficará rosa próximo ao eletrodo A.

c) no eletrodo B ocorrerá o processo de oxidação.

d) o eletrodo A é o cátodo do sistema eletrolítico.

e) a solução ficará azul próximo ao eletrodo B.

10. (FUVEST – SP) Água contendo Na_2SO_4 apenas para tornar o meio condutor e o indicador fenolftaleína é eletrolisada com eletrodos inertes. Nesse processo, observa-se desprendimento de gás:

a) de ambos os eletrodos e aparecimento de cor vermelha somente ao redor do eletrodo negativo.

b) de ambos os eletrodos e aparecimento de cor vermelha somente ao redor do eletrodo positivo.

c) somente do eletrodo negativo e aparecimento de cor vermelha ao redor do eletrodo positivo.

d) somente do eletrodo positivo e aparecimento de cor vermelha ao redor do eletrodo negativo.

e) de ambos os eletrodos e aparecimento de cor vermelha ao redor de ambos os eletrodos.

11. (PUC – SP) Dados:

	E (volt)
$F_2 + 2e^- \rightleftarrows 2\ F^-$	+2,87
$Cl_2 + 2e^- \rightleftarrows 2\ Cl^-$	+1,36
$Br_2 + 2e^- \rightleftarrows 2\ Br^-$	+1,09
$I_2 + 2e^- \rightleftarrows 2\ I^-$	+0,54

Facilidade de descarga na eletrólise: $H_2O > F^-$

Com base nos dados acima, pode-se afirmar que o único processo possível de obtenção do F_2, a partir do NaF, é a:

a) reação com cloro.
b) reação com bromo.
c) reação com iodo.
d) eletrólise de NaF(aq).
e) eletrólise de NaF(l).

12. (UFSC – SC) A eletrólise da água levemente acidulada para aumentar a condutividade elétrica é realizada na aparelhagem esquematizada na figura:

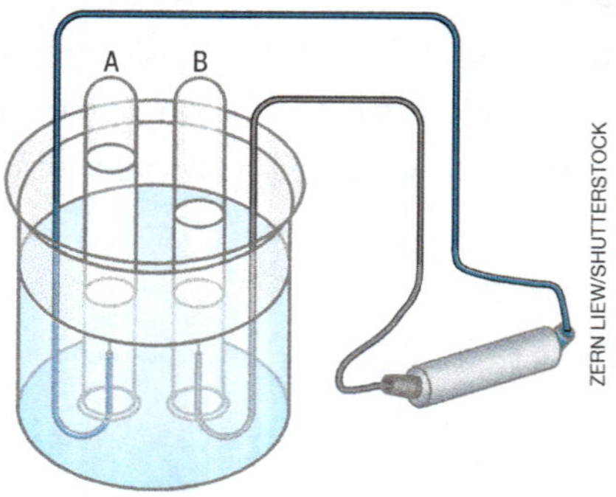

Dados: massas molares em g/mol: H: 1; O: 16.
Assinale a proposição correta:

a) O eletrodo colocado no tubo A está conectado ao polo positivo da pilha.
b) No tubo B é recolhido gás oxigênio.
c) A massa do gás recolhido no tubo B é maior que a massa do gás recolhido no tubo A.
d) No cátodo (eletrodo ligado ao polo negativo da pilha) ocorre a oxidação da água de acordo com a semiequação:

$$H_2O \rightleftarrows 2e^- + 1/2\ O_2 + 2\ H^+$$

e) A massa do gás recolhido no tubo A é igual à massa do gás recolhido no tubo B.

13. (UNICAMP – SP) Observe o esquema a seguir, representativo da eletrólise da água:

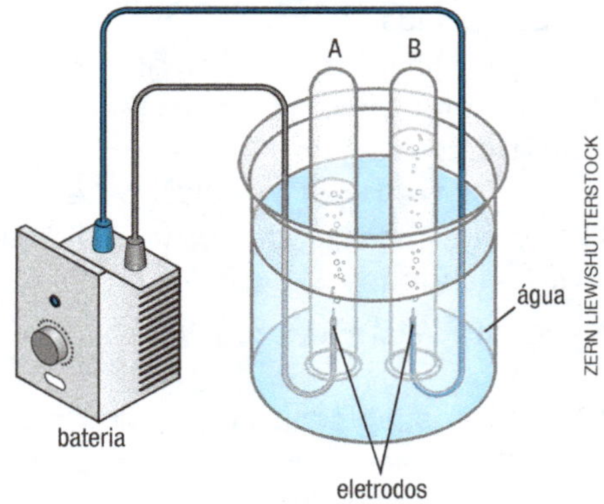

As semirreações que ocorrem nos eletrodos são:

$$2\ H_2O(l) + 2e^- \longrightarrow 2\ OH^-(aq) + H_2(g)$$
$$2\ H_2O(l) \longrightarrow 4\ H^+(aq) + O_2(g) + 4e^-$$

A partir dessas informações:

a) identifique os gases A e B.
b) indique se, após um certo tempo de eletrólise, o meio estará ácido, básico ou neutro. Por quê?

14. (VUNESP – SP) Utilizando-se eletrodo de platina, quais são os produtos e seus respectivos estados físicos (a temperatura ambiente) resultantes da eletrólise de:

I. cloreto de sódio fundido?
II. solução aquosa de ácido sulfúrico diluído?

Escreva as semirreações que ocorrem, especificando os eletrodos.

15. (UNESP) Enquanto a transformação química na pilha é espontânea, a da eletrólise é provocada por uma corrente elétrica. Na pilha a transformação química produz energia elétrica, enquanto que na eletrólise uma reação consome energia elétrica. Durante a eletrólise de uma solução aquosa de cloreto de sódio (NaCl), ocorre a dissociação iônica do sal e da água. Sabendo-se que:

$2\ H^+(aq) + 2$ elétrons $\longrightarrow H_2(g)$ E^0 (redução) = 0,00 V
$Cl_2(g) + 2$ elétrons $\longrightarrow 2\ Cl^-(aq)$ E^0 (redução) = +1,36 V

Escreva para essa eletrólise:

a) a equação de dissociação do sal, as semirreações de redução e de oxidação e a reação global;

b) os produtos obtidos no cátodo e no ânodo.

16. (FUVEST – SP) Industrialmente, HCl gasoso é produzido em um maçarico, no qual entram, nas condições-ambiente, hidrogênio e cloro gasosos, observando-se uma chama de vários metros de altura, proveniente da reação entre esses gases.

a) Escreva a equação química que representa essa transformação, utilizando estruturas de Lewis tanto para os reagentes quanto para o produto.

b) Como se obtém ácido clorídrico a partir do produto da reação de hidrogênio com cloro? Escreva a equação química dessa transformação.

c) Hidrogênio e cloro podem ser produzidos pela eletrólise de uma solução concentrada de cloreto de sódio (salmoura). Dê as equações que representam a formação de cada um desses gases.

d) Que outra substância é produzida, simultaneamente ao cloro e ao hidrogênio, no processo citado no item anterior?

Número atômico (Z)
hidrogênio...........1
cloro...................17

17. (UFSCar – SP) A figura representa a eletrólise de uma solução aquosa de cloreto de níquel (II) $NiCl_2$.

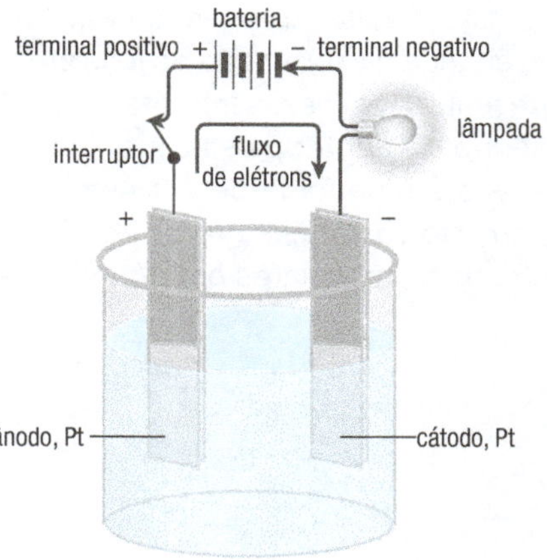

São dados as semirreações da redução e seus respectivos potenciais:

$Cl_2(g) + 2e^- \longrightarrow 2\ Cl^-(aq)$ $E^0 = +1{,}36\ V$

$Ni^{2+}(aq) + 2e^- \longrightarrow Ni(s)$ $E^0 = -0{,}24\ V$

a) Indique as substâncias formadas no ânodo e no cátodo. Justifique.

b) Qual deve ser o mínimo potencial aplicado pela bateria para que ocorra a eletrólise? Justifique.

18. (UNICAMP – SP) A produção mundial de gás cloro é de 60 milhões de toneladas por ano. Um processo eletroquímico moderno e menos agressivo ao meio ambiente, em que, se utiliza uma membrana semipermeável, evita que toneladas de mercúrio, utilizado no processo eletroquímico convencional, sejam dispensadas anualmente na natureza. Esse processo moderno está parcialmente esquematizado na figura abaixo.

a) Se a produção anual de gás cloro fosse obtida apenas pelo processo esquematizado na figura abaixo, qual seria a produção de gás hidrogênio em milhões de toneladas?

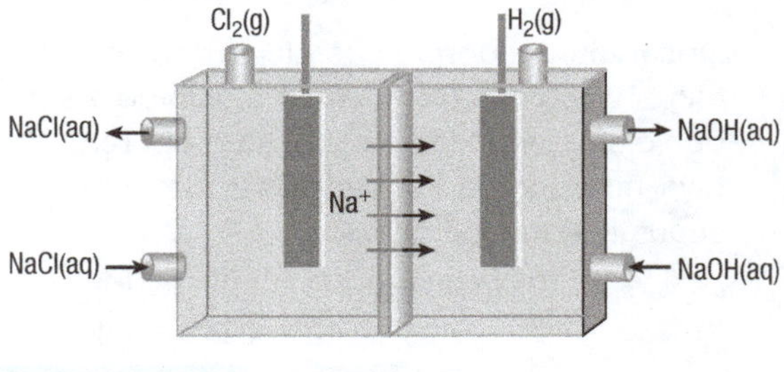

b) Na figura, falta representar uma fonte de corrente elétrica e a formação de íons OH^-. Complete o desenho com essas informações, não se esquecendo de anotar os sinais da fonte e de indicar se ela é uma fonte de corrente alternada ou de corrente contínua.

Dado: massas molares em g/mol: $H_2 = 2$, $Cl = 71$.

19. (FUVEST – SP) Em uma aula de laboratório de Química, a professora propôs a realização da eletrólise da água.

Após a montagem de uma aparelhagem como a da figura abaixo, e antes de iniciar a eletrólise, a professora perguntou a seus alunos qual dos dois gases, gerados no processo, eles esperavam recolher em maior volume. Um dos alunos respondeu: "O gás oxigênio deve ocupar maior volume, pois seus átomos têm oito prótons e oito elétrons (além dos nêutrons) e, portanto, são maiores que os átomos de hidrogênio, que, em sua imensa maioria, têm apenas um próton e um elétron".

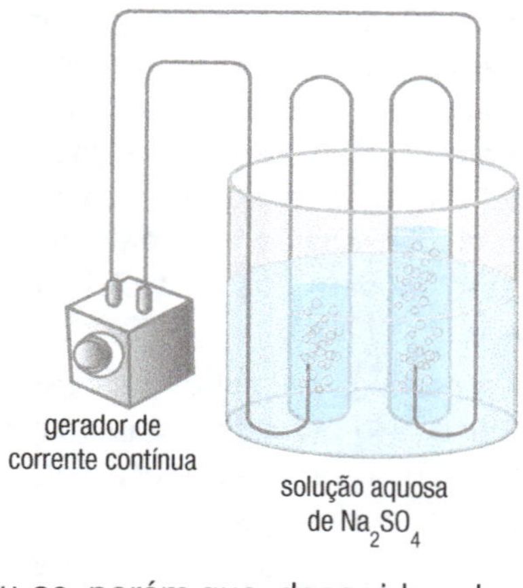

Observou-se, porém que, decorridos alguns minutos, o volume de hidrogênio recolhido era o dobro do volume de oxigênio (e essa proporção se manteve no decorrer da eletrólise), de acordo com a seguinte equação química:

$$2\,H_2O(l) \longrightarrow 2\,H_2(g) + O_2(g)$$
$$\text{2 vols.} \qquad \text{1 vol.}$$

a) Considerando que a observação experimental não corresponde à expectativa do aluno, explique por que a resposta dada por ele está incorreta.

Posteriormente, o aluno perguntou à professora se a eletrólise da água ocorreria caso a solução aquosa de Na_2SO_4 fosse substituída por outra. Em vez de responder diretamente, a professora sugeriu que o estudante repetisse o experimento, porém substituindo a solução aquosa de Na_2SO_4 por uma solução aquosa de sacarose ($C_{12}H_{22}O_{11}$).

b) O que o aluno observaria ao realizar o novo experimento sugerido pela professora? Explique.

(UNESP) **Instrução:** Leia o texto para responder às questões de números **20** e **21**.

O silício metalúrgico, purificado até atingir 99,99% de pureza, é conhecido como silício eletrônico. Quando cortado em fatias finas, recobertas com cobre por um processo eletrolítico e montadas de maneira interconectada, o silício eletrônico transforma-se em microchips.

A figura reproduz uma das últimas etapas da preparação de um microchip.

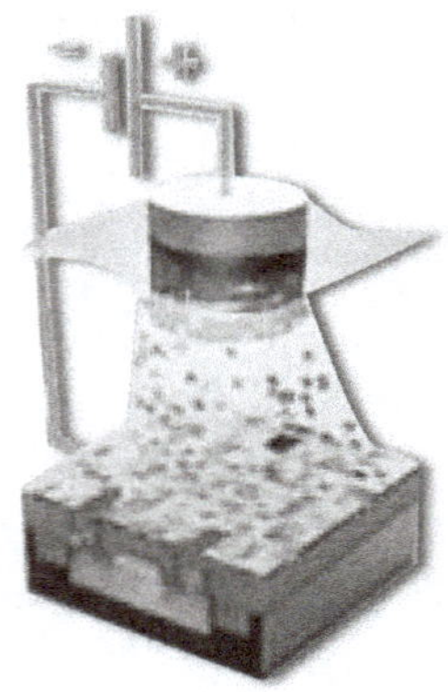

As fatias de silício são colocadas numa solução de sulfato de cobre. Nesse processo, íons de cobre deslocam-se para a superfície da fatia (cátodo), aumentando a sua condutividade elétrica.

http://umumble.com.Adaptado.

20. O processo de recobrimento das fatias de silício é conhecido como

a) eletrocoagulação.
b) eletrólise ígnea.
c) eletrodeformação.
d) galvanoplastia.
e) anodização

Resolução:
O processo de recobrimento das fatias de silício pelo metal cobre é conhecido como galvanoplastia. A galvanoplastia consiste em determinado material no cátodo (polo negativo) ser recoberto por um metal.

Resposta: alternativa d.

21. A semirreação na superfície da fatia de silício, cátodo, é representada por:

a) $Cu^{2+} + 2\ H_2O \longrightarrow O(g) + 4\ H^+ + Cu(s)$
b) $2\ Cu^+ + H_2O \longrightarrow 2\ Cu(s) + H_2O + 2e^-$
c) $2\ SO_4^{2-} \longrightarrow S_2O_8^{2-} + 2e^-$
d) $Si(s) + 4e^- \longrightarrow Si^{4+}(s)$
e) $Cu^{2+} + 2e^- \longrightarrow Cu(s)$

22. (UFRGS – RS) A galvanoplastia é uma técnica utilizada para revestir peças com um determinado metal por meio da eletrólise. Para cromar um chaveiro de ferro, foram realizados os procedimentos a seguir.

I. Colocou-se o chaveiro de ferro como cátodo (eletrodo negativo).
II. Colocou-se um pedaço de cromo metálico como ânodo (eletrodo positivo).
III. Utilizou-se uma solução aquosa que continha sais de ferro.

Quais estão corretos?

a) Apenas I.
b) Apenas II.
c) Apenas III.
d) Apenas I e II.
e) I, II e III.

Resolução:
I. Correta: no cátodo, ocorre redução do Cr^{3+} e recobrimento do chaveiro: $Cr^{3+} + 3e^- \longrightarrow Cr$
II. Correta: no ânodo, a oxidação da peça de cromo metálico repõe os íons Cr^{3+} depositados sobre o chaveiro: $Cr \longrightarrow Cr^{3+} + 3e^-$
III. Incorreta: deve-se utilizar uma solução aquosa com sais de cromo.

Resposta: alternativa d.

23. (UFV – MG) O processo de galvanização consiste no revestimento metálico de peças condutoras que são colocadas como eletrodos negativos em um circuito de eletrólise (observe o esquema abaixo).

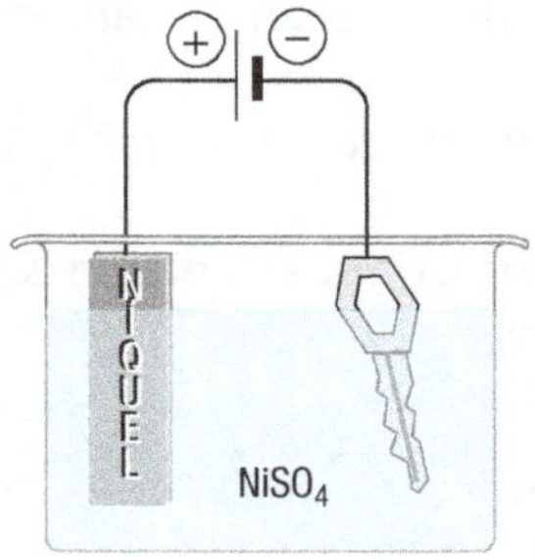

Considere as seguintes afirmativas:

I. Na chave, ocorre a reação $Ni^{2+} + 2e^- \longrightarrow Ni^0$.
II. No polo positivo, ocorre oxidação do níquel.
III. No polo positivo, ocorre a reação

$$Ni^0 \longrightarrow Ni^{2+} + 2e^-$$

IV. O eletrodo positivo sofre corrosão durante a eletrólise.
V. A chave é corroída durante o processo.

A alternativa que contém apenas as afirmativas corretas é:

a) I, II, III, IV e V.
b) I, II, III e IV.
c) I, II e III.
d) II e III.
e) I, II, III e V.

24. (FUVEST – SP) Para pratear eletroquimicamente um objeto de cobre e controlar a massa de prata depositada no objeto, foi montada a aparelhagem esquematizada na figura abaixo.

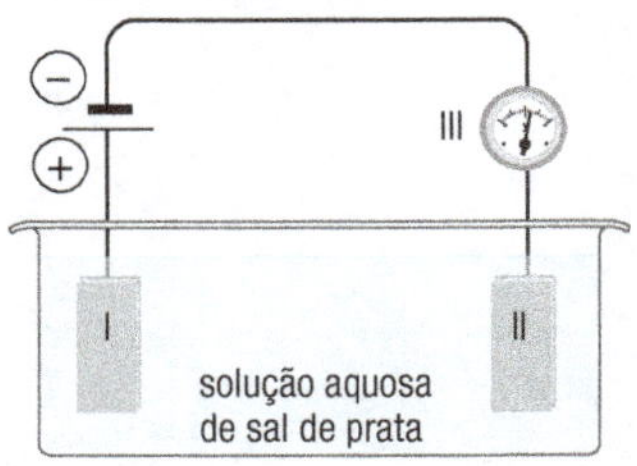

Nessa figura, I, II e III são, respectivamente:

a) o objeto de cobre, uma chapa de platina e um amperímetro.
b) uma chapa de prata, o objeto de cobre e um voltímetro.
c) o objeto de cobre, uma chapa de prata e um voltímetro.
d) o objeto de cobre, uma chapa de prata e um amperímetro.
e) uma chapa de prata, o objeto de cobre e um amperímetro.

25. (FUVEST – SP) Com a finalidade de niquelar uma peça de latão, foi montado um circuito, utilizando-se fonte de corrente contínua, como representado na figura.

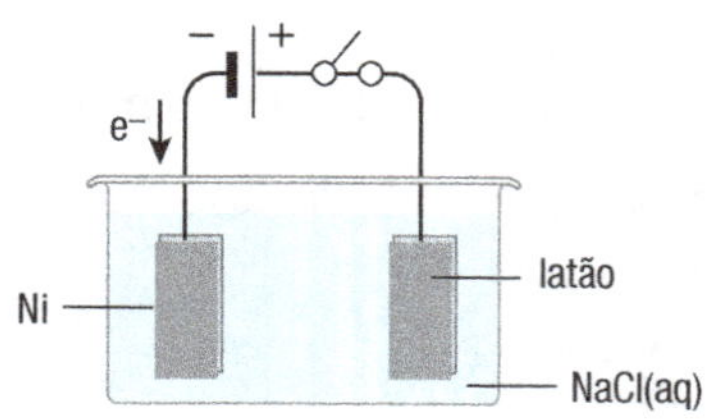

No entanto, devido a erros experimentais, ao fechar o circuito, não ocorreu a niquelação da peça. Para que essa ocorresse, foram sugeridas as alterações:

I. Inverter a polaridade da fonte de corrente contínua.
II. Substituir a solução aquosa de NaCl por solução aquosa de $NiSO_4$.
III. Substituir a fonte de corrente contínua por uma fonte de corrente alternada de alta frequência.

O êxito do experimento requereria apenas:

a) a alteração I.
b) a alteração II.
c) a alteração III.
d) as alterações I e II.
e) as alterações II e III.

26. (FUVEST – SP) As etapas finais de obtenção do cobre a partir da calcosita, Cu_2S, são, sequencialmente:

I. ustulação (aquecimento ao ar).
II. refinação eletrolítica (esquema abaixo).

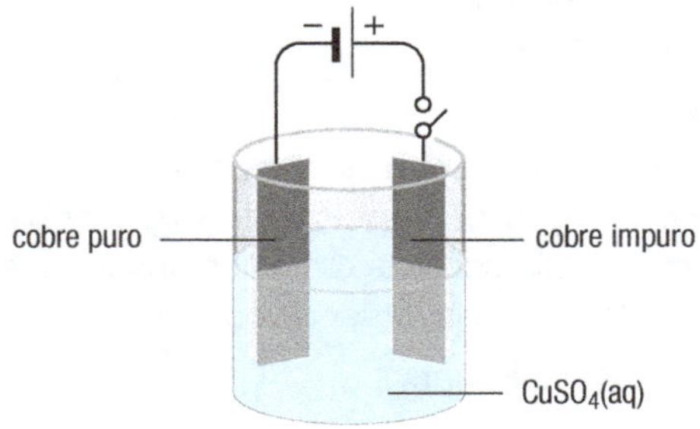

a) Escreva a equação da ustulação da calcosita.
b) Descreva o processo da refinação eletrolítica, mostrando o que ocorre em cada um dos polos ao se fechar o circuito.
c) Reproduza no caderno o esquema dado e indique nele o sentido do movimento dos elétrons no circuito e o sentido do movimento dos íons na solução, durante o processo de eletrólise.

Exercícios Série Platina

1. Considerando os potenciais de semicela:

$Zn^{2+}(aq) + 2e^- \longrightarrow Zn(s)$ $E^0 = -0{,}76\ V$

$Cu^{2+}(aq) + 2e^- \longrightarrow Cu(s)$ $E^0 = +0{,}34\ V$

Foram construídas três células eletroquímicas. O voltímetro indica a ddp num certo instante.

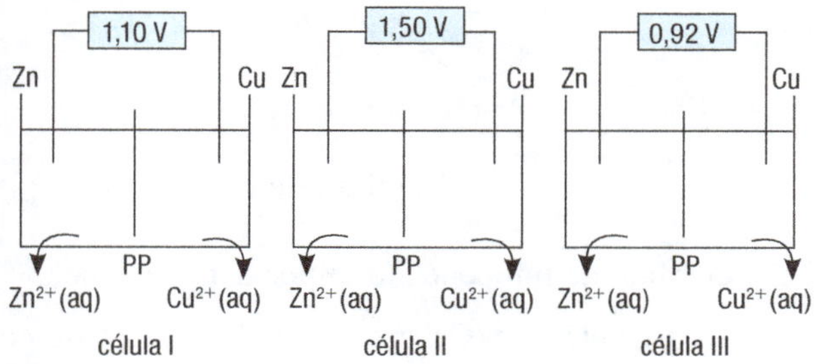

a) Em qual das células eletroquímicas não haverá passagem de corrente elétrica? Justifique.
b) Equacione a semirreação catódica na célula II.
c) Equacione a semirreação anódica na célula III.
d) Qual é o sentido dos cátions da célula III?

2. A figura representa a eletrólise de uma solução aquosa de cloreto de cobre (II).

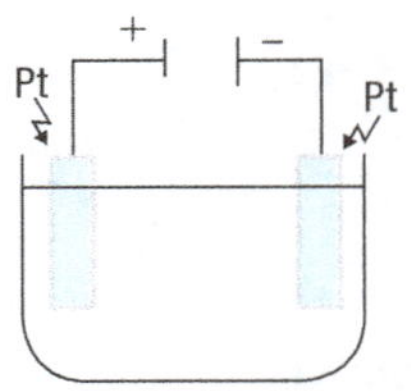

São dadas as semirreações de redução e seus respectivos potenciais

$Cl_2(g) + 2e^- \longrightarrow 2\ Cl^-(aq)$ $E^0 = +1{,}36\ V$
$Cu^{2+}(aq) + 2e^- \longrightarrow Cu(s)$ $E^0 = -0{,}34\ V$

a) Indique as substâncias formadas no ânodo e no cátodo. Justifique.
b) Qual deve ser o mínimo potencial aplicado pela bateria para que ocorra a eletrólise? Justifique.
c) Indique na figura fornecida: o sentido do fluxo de elétrons, o cátodo e o ânodo.

3. A figura representa uma célula de eletrólise de soluções aquosas com eletrodo inerte. Também são fornecidos potenciais-padrão de redução de algumas espécies.

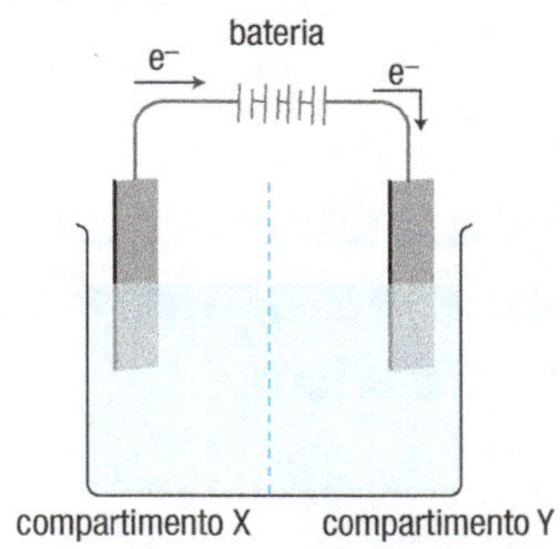

	E^0 (V)
$K^+ + e^- \longrightarrow K$	−2,93
$2\ H_2O + 2e^- \longrightarrow H_2 + 2\ OH^-$	−0,83
$I_2 + 2e^- \longrightarrow 2\ I^-$	+0,54
$O_2 + 4\ H^+ + 4e^- \longrightarrow H_2O$	+1,23

Uma solução aquosa de KI contendo gotas de fenolftaleína foi eletrolisada nessa célula. Com base nos dados apresentados pede-se:

a) As reações ocorridas nos compartimentos X e Y.
b) A equação da reação global.
c) Indique em que compartimento verificamos desprendimento de gás e mudança de cor.

Capítulo 6

Eletrólise Quantitativa

1. Estequiometria na eletrólise e nas pilhas

A quantidade produzida no eletrodo de uma eletrólise ou pilha é proveniente da semirreação catódica ou semirreação anódica, isto é, da estequiometria da semirreação.

Exemplos:

$$Ag^+ + e^- \longrightarrow Ag$$
1 mol ... 1 mol

$$Cu^{2+} + 2e^- \longrightarrow Cu$$
2 mol ... 1 mol

2. Relação entre a quantidade em mols de elétrons e a carga elétrica

Em 1910, o cientista Robert Millikan conseguiu determinar o valor do módulo da carga do elétron, $1{,}6 \cdot 10^{-19}$ C.

Utilizando esse valor e a constante de Avogadro, podemos calcular o módulo da carga de 1 mol de elétrons:

Número de elétrons		Carga elétrica
1	______	$1{,}6 \cdot 10^{-19}$ C
$6{,}02 \cdot 10^{23}$/mol	______	F

F = 96.500 C/mol

O módulo da carga elétrica de um mol de elétrons é conhecido como constante de Faraday e simbolizado por F.

Exemplos:

Ag^+	+	e^-	$\longrightarrow$	Ag
		96.500 C		1 mol
		1 F		1 mol

Cu^{2+}	+	$2e^-$	$\longrightarrow$	Cu
		$2 \cdot 96.500$ C		1 mol
		2 F		1 mol

Conclusão:

1 F — 96.500 C/mol
1 F — $6 \cdot 10^{23}$ elétrons
1 F — 1 mol de elétrons

Lembrando um conceito importante da Física:

A carga elétrica (Q), em coulombs, que passa por um circuito pode ser calculada multiplicando-se a corrente elétrica (i), em ampères, pelo intervalo de tempo (Δt), em segundos:

$$Q = i\,\Delta t$$

2.1 Exemplos numéricos

1. Numa cela eletrolítica contendo solução aquosa de nitrato de prata flui uma corrente elétrica de 5 A durante 9.650 s.
Calcule a massa de prata metálica depositada.

Dados: massa molar de Ag = 108 g/mol,
1 F = 96.500 C/mol.

Resolução

$i = 5$ A, $\Delta t = 9.650$ s, $Q = i\,\Delta t$

$Q = 5 \cdot 9.650 \therefore Q = 48.250$ C

$Ag^+ + e^- \longrightarrow Ag$

96.500 C ______ 108 g
48.250 C ______ x $\qquad \therefore x = 54$ g

2. Qual é a quantidade de eletricidade obtida em uma pilha de Daniell pela oxidação de 32,5 g de zinco?

Dados: massa molar do Zn = 65 g/mol,
1 F = 96.500 C/mol.

Resolução

$Zn \longrightarrow Zn^{2+} + 2e^-$

65 g ______ $2 \cdot 96.500$ C
32,5 g ______ x $\qquad \therefore x = 96.500$ C

3. Calcule a massa de sódio produzida na eletrólise ígnea de NaCl, após a passagem de 5 F.

Dado: massa molar da Na = 23 g/mol.

Resolução

$Na^+ + e^- \longrightarrow Na$

1 F ______ 23 g

5 F ______ x $\therefore$ x = 115 g

4. Qual o volume de gás cloro, medido nas CNTP, na eletrólise ígnea de NaCl, após 1 min 40 s, com intensidade igual a 9,65 A?

Dados: volume molar dos gases na CNTP = = 22,4 L/mol, 1 F = 96.500 C/mol.

Resolução

$i = 9{,}65\ A, \Delta t = 1\ min\ 40\ s = 100\ s, Q = i\ \Delta t$

$Q = 9{,}65 \cdot 100 \therefore Q = 9.650\ C$

$2\ Cl^- \longrightarrow 2e^- + Cl_2$

2 · 96.500 C ____________ 22,4 L

9.650 C ________ x $\therefore$ x = 1,12 L

5. Passando-se $2{,}4 \cdot 10^{20}$ elétrons através da célula eletrolítica contendo sal de cobre (II), calcule a massa de cobre depositada.

Dados: massa molar do Cu = 64 g/mol, constante de Avogadro = $6 \cdot 10^{23}$/mol.

Resolução

$Cu^{2+} + 2e^- \longrightarrow Cu$

$2 \cdot 6 \cdot 10^{23}\ e^-$ _______ 64 g

$2{,}4 \cdot 10^{20}\ e^-$ _______ x $\therefore 12{,}8 \cdot 10^{-3}$ g

3. Eletrólises em série

São duas ou mais cubas ligadas a um único gerador. A figura a seguir mostra duas eletrólises em série.

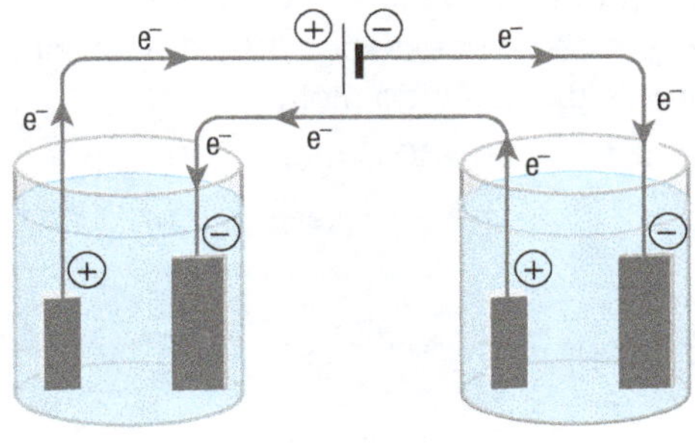

Nas eletrólises em série, em cada eletrodo passará a mesma quantidade total de elétrons ou de carga elétrica.

No caso de eletrólises **iguais**, ligadas em série, basta fazer os cálculos para um eletrodo e multiplicar pelo número de eletrólises do sistema.

3.1 Exemplos numéricos

1. A figura mostra duas eletrólises em série.

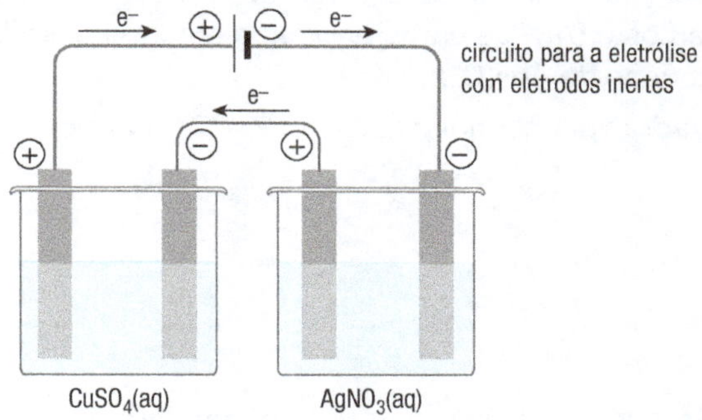

Determine a massa de prata que será depositada simultaneamente com 127 g de cobre.

Dados: massas molares em g/mol: Cu = 63,5, Ag = 108.

Resolução

$Cu^{2+} + 2e^- \longrightarrow Cu$ $\qquad$ $Ag^+ + e^- \longrightarrow Ag$

2 mol _____ 63,5 g $\qquad$ 1 mol _____ 108 g

x _____ 127 g $\qquad$ 4 mol _____ y

x = 4 mol $\qquad$ y = 432 g

2. Uma indústria produz gás cloro em 10 tanques ligados em série. Determine o volume total do gás, medido nas CNTP, que será produzido após a passagem de 1 F.

Dado: volume molar dos gases nas CNTP = = 22,4 L/mol.

Resolução

$2\ Cl^- \longrightarrow 2e^- + Cl_2$

2 F_______ 22,4 L

1 F_______ x $\therefore$ x = 11,2 L

$V_{total} = 11{,}2\ L \cdot 10 = 112\ L$

Exercícios Série Prata

1. Calcule a massa de prata quando temos 0,2 F de carga envolvida em uma eletrólise aquosa de $AgNO_3$ · Ag = 108.

$$Ag^+ + e^- \longrightarrow Ag$$

2. Calcule o volume de O_2 liberado nas CNTP quando temos 0,01 F de carga envolvida em uma eletrólise aquosa de $AgNO_3$.

Dado: volume molar nas CNTP = 22,4 L/mol.

$$H_2O \longrightarrow 2e^- + \frac{1}{2} O_2 + 2\ H^+$$

3. Se considerarmos que uma quantidade de carga igual a 9.650 C é responsável pela deposição do cobre quando é feita uma eletrólise de $CuSO_4$(aq), qual será a massa de cobre depositada?

Dados: 1 F = 96.500 C/mol, Cu = 64 g/mol.

$$Cu^{2+} + 2e^- \longrightarrow Cu$$

4. Qual a quantidade em mols de elétrons que deve passar por um circuito eletrolítico a fim de depositar meio mol de prata metálica na eletrólise de $AgNO_3$(aq)?

$$Ag^+ + e^- \longrightarrow Ag$$

5. (UFS – SE) Numa célula eletrolítica contendo solução aquosa de $AgNO_3$ flui uma corrente elétrica de 5 A durante 9.650 s. Nessa experiência, quantos gramas de prata metálica são obtidos?

Dados: 1 F = 96.500 C/mol, Ag = 108, Q = i Δt.

$$Ag^+ + e^- \longrightarrow Ag$$

6. Numa pilha, uma lata de zinco funciona como um dos eletrodos. Que massa de Zn é oxidada a Zn^{2+} durante a descarga desse tipo de pilha, por um período de 60 minutos, envolvendo uma corrente de $5{,}36 \cdot 10^{-1}$ A?

Dados: 1 F = 96.500 C/mol, Zn = 65, Q = i Δt.

$$Zn \longrightarrow Zn^{2+} + 2e^-$$

7. Calcular o tempo necessário para que uma corrente de 19,3 A libere 4,32 g de prata no cátodo.

Dados: 1 F = 96.500 C/mol, Ag = 108, Q = i Δt.

$$Ag^+ + e^- \longrightarrow Ag$$

8. (UFSC) A massa atômica de um elemento é 119 u. O número de oxidação desse elemento é +4. Qual a massa depositada desse elemento, quando se fornecem na eletrólise 965 C?

Dado: 1 F = 96.500 C/mol.

$$X^{4+} + 4e^- \longrightarrow X$$

9. (CESGRANRIO – RJ) Para a deposição eletrolítica de 11,2 gramas de um metal cuja massa atômica é 112 u, foram necessários 19.300 C. Calcule o número de oxidação do metal.

Dado: 1 F = 96.500 C/mol.

$$M^{x+} + xe^- \longrightarrow M$$

10. (CESGRANRIO – RJ) Em uma cuba eletrolítica, utilizou-se uma corrente de 4 A para depositar toda a prata existente em 400 mL de uma solução 0,1 mol/L de $AgNO_3$. Calcule o tempo para realizar essa operação.

Dado: 1 F = 96.500 C/mol, $M = \frac{n}{V}$, $Q = i\,\Delta t$.

$$Ag^+ + e^- \longrightarrow Ag$$

11. Na eletrólise de uma solução aquosa de Na_2SO_4 foram coletados 240 mL de gás no ânodo, durante 193 s. Qual o valor da corrente elétrica que atravessou esse circuito durante o processo?

Dados: 1 F = 96.500 C, volume molar = 24 L, $Q = i\,\Delta t$.

ânodo (SO_4^{2-} ou H_2O) $H_2O \longrightarrow$

12. (UERJ) Eletrolisando-se durante 5 minutos a solução de $CuSO_4$ com uma corrente elétrica de 1,93 A, verificou-se que a massa de cobre metálico depositado no cátodo foi de 0,18 g. Calcule o rendimento do processo.

Dados: 1 F = 96.500 C/mol, Cu = 63,5, $Q = i\,\Delta t$.

$$Cu^{2+} + 2e^- \longrightarrow Cu$$

13. (VUNESP) 0,5 g de cobre comercial foi dissolvido em ácido nítrico, e a solução resultante foi eletrolisada até deposição total do cobre, com uma corrente de 4 A em 5 min. Qual a pureza desse cobre comercial?

Dados: 1 F = 96.500 C/mol, Cu = 63,5, $Q = i\,\Delta t$.

$$Cu^{2+} + 2e^- \longrightarrow Cu$$

14. (FEI – SP) Calcule o volume de hidrogênio liberado a 27 °C e 700 mmHg pela passagem de uma corrente de 1,6 A durante 5 min por uma cela contendo hidróxido de sódio.

Dados: 1 F = 96.500 C, $R = 62,3\ \frac{mmHg \cdot L}{mol \cdot K}$

$Q = i\,\Delta t$, $PV = nRT$.

cátodo (Na^+ ou H_2O) H_2O

15. O gráfico a seguir mostra a variação de corrente elétrica (i) com o tempo, ocorrida em uma eletrólise de uma solução aquosa de cloreto de cobre (II) durante três horas.

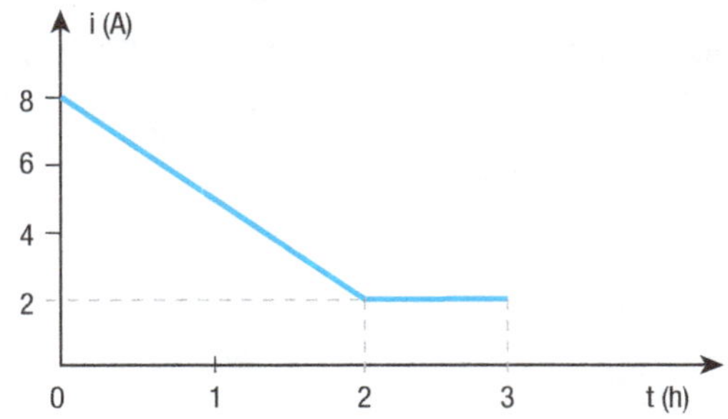

A quantidade de carga elétrica, em coulomb, que circula pelos eletrodos durante 3 horas é:

a) 50.400 b) 43.200 c) 21.600 d) 7.200

16. Complete com **série** ou **paralelo**.

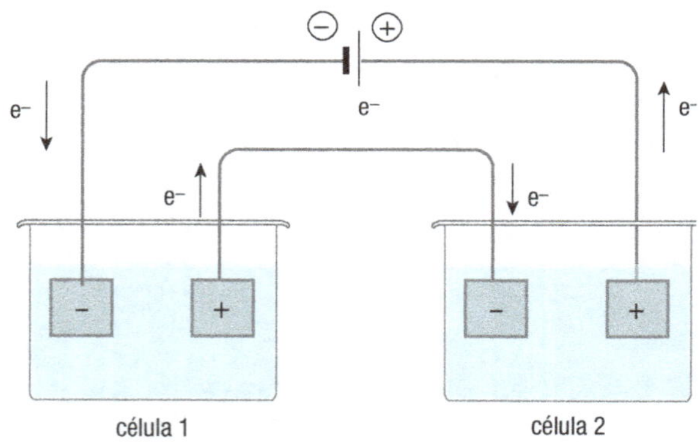

O esquema representa cuba em ______________

17. (FEI – SP) Duas cubas eletrolíticas dotadas de eletrodos inertes em série contêm respectivamente solução aquosa de $AgNO_3$ e solução aquosa de KI. Certa quantidade de eletricidade acarreta a deposição de 108 g de prata na primeira cuba. Em relação às quantidades e à natureza das substâncias liberadas, respectivamente, no cátodo e no ânodo da segunda, pode-se dizer:

a) 11,2 L (CNTP) H_2 e 5,6 L (CNTP) O_2

b) 11,2 L (CNTP) H_2 e 127 g de I_2

c) 5,6 L (CNTP) H_2 e 63,5 g de I_2

d) 5,6 L (CNTP) e 127 g de I_2

e) 11,2 L (CNTP) H_2 e 63,5 g de I_2

Dados: volume molar CNTP = 22,4 L/mol, massas molares em g/mol: Ag = 108, I = 127.

18. (FUVEST – SP) Qual a massa de cobre depositada na eletrólise de uma solução de $CuSO_4$, sabendo-se que numa cela contendo $AgNO_3$ e ligada em série com a cela de $CuSO_4$, há um depósito de 1,08 g de Ag?

a) 0,32 g c) 0,96 g e) 6,4 g
b) 0,64 g d) 3,2 g

Dados: Ag = 108, Cu = 64.

19. (UEL – PR) Considere duas soluções aquosas, uma de nitrato de prata ($AgNO_3$) e outra de um sal de um metal X, cuja carga catiônica é desconhecida. Quando a mesma quantidade de eletricidade passa através das duas soluções, 1,08 g de prata e 0,657 g de X são depositados. Com base nessas informações, é correto afirmar que a carga iônica de X é:

a) −1 b) +1 c) +2 d) +3 e) +4

Dados: Ag = 108 g/mol, X = 197 g/mol.

Exercícios Série Ouro

1. (VUNESP) Considere soluções aquosas de íons Ag^+, Pb^{2+}, Cu^{2+}, Fe^{3+} e Al^{3+}, de igual concentração em mol/L, colocadas em recipientes isolados. Em condições ideais, aplica-se a mesma quantidade de eletricidade a cada sistema isolado.

Quando todos os íons Cu^{2+} em solução forem reduzidos a cobre metálico, o que é evidenciado pelo desaparecimento da cor azul característica, pode-se concluir que a mesma quantidade de eletricidade reduzirá:

a) todos os íons Pb^{2+}.
b) todos os íons Al^{3+} e Fe^{3+}.
c) um terço dos íons Fe^{3+} e Al^{3+}.
d) metade dos íons Ag^+.
e) metade dos íons Al^{3+} e Fe^{3+}.

2. (PUC – SP) O alumínio é um metal leve e muito resistente, tendo diversas aplicações industriais. Esse metal passou a ser explorado economicamente a partir de 1886, com a implementação do processo Héroult-Hall. O alumínio é encontrado geralmente na bauxita, minério que apresenta alto teor de alumina (Al_2O_3).

O processo Héroult-Hall consiste na redução do alumínio presente na alumina (Al_2O_3) para alumínio metálico, por meio de eletrólise. A semirredução é representada por

$$Al^{3+} + 3e^- \longrightarrow Al$$

Se uma cela eletrolítica opera durante uma hora, passando carga equivalente a 3.600 F, a massa de alumínio metálico produzida é:

a) 32,4 kg c) 27,0 kg e) 3,60 kg
b) 97,2 kg d) 96,5 kg

Dado: massa molar do Al = 27 g/mol.

3. (CESGRANRIO – RJ) A reação que ocorre no ânodo da bateria do automóvel é representada pela equação:

$$Pb(s) + HSO_4^- (s) \longrightarrow PbSO_4(s) + H^+ + 2e^-$$

Ou seja:

$$Pb \longrightarrow Pb^{2+} + 2e^-$$

Verifica-se que 0,207 g de chumbo no ânodo é convertido em $PbSO_4$, quando a bateria é ligada por 1 s. A corrente fornecida pela bateria é de:

a) 48,3 A c) 193.000 A e) 96.500 A
b) 193 A d) 96,5 A

Dados: massa molar do Pb = 207 g/mol, 1 F = = 96.500 C/mol.

4. (UERJ) Em uma célula eletrolítica, com eletrodos inertes, uma corrente de 1,00 A passa por uma solução aquosa de cloreto de ferro, produzindo Fe(s) e Cl_2(g).

Admita que 2,80 g de ferro são depositados no cátodo, quando a célula funciona por 160 min 50 s.

Determine a fórmula do cloreto de ferro utilizado na preparação da solução originalmente eletrolisada e escreva a equação eletroquímica que representa a descarga ocorrida no ânodo.

Dados: massa molar do Fe = 56 g/mol, constante de Faraday = 96.500 C/mol.

5. (PUC – SP) Na eletrólise aquosa com eletrodos inertes, de uma base de metal alcalino, obtêm-se 8,00 g de O_2(g) no ânodo.

Qual é o volume de H_2(g), medido nas CNTP, liberado no cátodo?

a) 22,4 L c) 11,2 L e) 7,50 L
b) 5,6 L d) 33,6 L

Dados: H = 1,00 g/mol; O = 16,00 g/mol; volume molar = 22,4 L.

6. (PUC – RS) Foi mergulhado 1,12 g de esponja de ferro (bombril) em 500 mL de uma solução 0,1 mol/L de $CuSO_4$. Pode-se afirmar que:

a) praticamente todos os íons Cu^{2+} foram consumidos, sobrando ainda ferro.

b) nada pode ser observado, pois o íon Cu^{2+} não oxida o ferro.

c) todo o ferro foi oxidado a íons férricos e todos os íons Cu^{2+} foram reduzidos a Cu^0.

d) o ferro atua como agente oxidante no processo.

e) todo o ferro foi consumido, sobrando íons Cu^{2+} em solução.

Dados: massa molar de Fe = 56 g/mol.

$$Fe + Cu^{2+} \longrightarrow Fe^{2+} + Cu$$

7. (MACKENZIE – SP) Uma indústria que obtém o alumínio por eletrólise ígnea do óxido de alumínio utiliza 150 cubas por onde circula uma corrente de 965 A em cada uma. Após 30 dias, funcionando ininterruptamente, a massa de alumínio obtida é de aproximadamente:

a) 35,0 toneladas.
b) 1,2 tonelada.
c) 14,0 toneladas.
d) 6,0 toneladas.
e) 25,0 toneladas.

Dados: massa molar do Al = 27 g/ mol, 1 F = = 96.500 C/mol.

Resolução:

$\Delta t = 30$ dias $= 30 \cdot 24$ h $= 30 \cdot 24 \cdot 3.600$ s

$\Delta t = 2.592.000$ s

$Q = i\,\Delta t = 965 \cdot 2.592.000$ C

$$Al^{3+} + 3e^- \longrightarrow Al$$

3 mol — 1 mol

$3 \cdot 96.500$ C —— 27 g

$965 \cdot 2.592.000$ C —— m

$m = 233.280$ g $\cong 233$ kg

Como temos 150 cubas,

$m_{TOTAL} = 150 \cdot 233$ kg $= 34.950$ kg $\cong 35,0$ t

Resposta: alternativa a.

8. (FUVEST – SP) O alumínio é produzido pela eletrólise de Al_2O_3 fundido. Uma usina opera com 300 cubas eletrolíticas e corrente de $1,1 \cdot 10^5$ ampères em cada uma delas. A massa de alumínio, em toneladas, produzida em um ano é de aproximadamente:

a) $1,0 \cdot 10^5$
b) $2,0 \cdot 10^5$
c) $3,0 \cdot 10^5$
d) $1,0 \cdot 10^8$
e) $2,0 \cdot 10^8$

Dados: 1 ano = $3,2 \cdot 10^7$ segundos; massa molar do Al = 27 g/mol; carga elétrica necessária para neutralizar um mol de íons monovalentes = = $9,6 \cdot 10^4$ coulombs/mol.

9. (UERJ) Considere a célula eletrolítica abaixo.

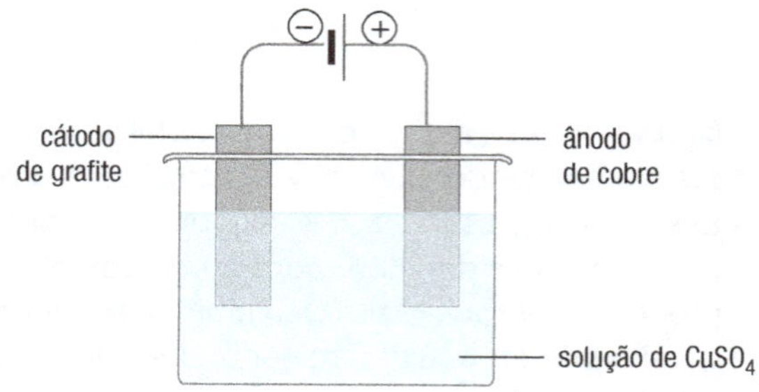

Eletrolizando-se, durante 5 minutos, a solução de $CuSO_4$ com uma corrente elétrica de 1,93 A, verificou-se que a massa de cobre metálico depositada no cátodo foi de 0,18 g. Em função dos valores apresentados acima, o rendimento do processo foi igual a:

a) 93,7%
b) 96,3%
c) 97,2%
d) 98,5%

Dados: massa molar do Cu = 64 g/mol, 1 F = = 96.500 C/mol.

10. (FMJ – SP) Na obtenção de cobre com alta pureza utiliza-se o refino eletrolítico. Nesse processo faz-se a eletrólise, empregando-se como ânodo o cobre metalúrgico com 98% de pureza, uma solução aquosa de sulfato de cobre (II) e cátodo, onde ocorre o depósito de cobre purificado. Sobre o refino eletrolítico do cobre é correto afirmar que

a) a oxidação do cobre ocorre no cátodo.
b) a redução ocorre no ânodo.
c) a reação que ocorre no ânodo é $Cu^0 \longrightarrow Cu^{2+} + 2e^-$.
d) os elétrons fluem do cátodo para o ânodo.
e) o cátodo possui carga positiva.

a) 9,65 A.
b) 10,36 A.
c) 15,32 A.
d) 19,30 A.
e) 28,95 A.

Dados: Constante de Faraday = 96.500 C e massa molar em (g/mol) Ni = 58,7 m.

11. (UNITAU – SP) Na cromagem de uma peça, segundo processo eletrolítico, temos as seguintes condições:

I. Eletrólito: solução aquosa contendo um sal de cromo, cujo número de oxidação é +6.
II. Corrente empregada na eletrólise: 20 A.
III. Quantidade de cromo depositado: 20% da quantidade prevista pela estequiometria.
IV. Densidade do cromo: 6,7 g/cm³.
V. Superfície da peça: 100 cm².

A espessura da camada de cromo depositado na peça, após 40 minutos de eletrólise, vale aproximadamente

a) $1,28 \cdot 10^{-3}$ cm
b) $2,32 \cdot 10^{-3}$ cm
c) $3,42 \cdot 10^{-3}$ cm
d) $4,82 \cdot 10^{-3}$ cm
e) $6,40 \cdot 10^{-3}$ cm

Dados: massa molar do cromo = 52 g/mol. Considere a constante de Faraday = 96.000 C/mol.

Resolução:

$Q = i\,\Delta t \therefore Q = 20 \cdot 2.400 \therefore Q = 48.000$ C

$Cr^{6+} + 6e^- \longrightarrow Cr$

$6 \cdot 96.500$ C ———— $0,2 \cdot 52$ g (20%)

48.000 C ———— x $\therefore$ x = 0,862 g

$$d = \frac{m}{V}$$

$$6,7 = \frac{0,862}{V} \Rightarrow V = 0,128 \text{ cm}^3$$

$V = S \cdot e$ ⇒ $0,128 = 100 \cdot e$

$e = 1,28 \cdot 10^{-3}$ cm

Resposta: alternativa a.

12. (MACKENZIE – SP) Pode-se niquelar (revestir com uma fina camada de níquel) uma peça de um determinado metal. Para esse fim, devemos submeter um sal de níquel (II), normalmente o cloreto, a um processo denominado eletrólise em meio aquoso. Com o passar do tempo, ocorre a deposição de níquel sobre a peça metálica a ser revestida, gastando-se certa quantidade de energia. Para que seja possível o depósito de 5,87 g de níquel sobre determinada peça metálica, o valor da corrente elétrica utilizada, para um processo de duração de 1.000 s, é de

13. (FATEC – SP) A reação que ocorre no cátodo de uma pilha seca (pilha de lanterna) é:

$$2\,MnO_2(s) + 2\,NH_4^+(aq) + 2e^- \longrightarrow 2\,MnO(OH)(s) + 2\,NH_3(aq)$$

Se um cátodo contiver 4,35 g de MnO_2 e a pilha fornecer uma corrente de 2 mA, durante quanto tempo ela funcionará até que se esgotem seus reagentes?

Dados: massa molar do MnO_2 = 87 g/mol; 1 F = 96.500 C; 1 A = 10^{-3} mA.

14. (UERJ – adaptada) As novas moedas de centavos, que circulam no mercado, apresentam uma tonalidade avermelhada obtida por eletrodeposição de cobre a partir de uma solução de sulfato de cobre (II). Para recobrir um certo número de moedas foi efetuada a eletrólise, com uma corrente elétrica de 5 ampères, em 1 L de solução 0,10 mol · L^{-1} em $CuSO_4$, totalmente dissociado.

a) Formule a equação química que representa a dissociação do sulfato de cobre (II) e calcule a concentração do íons sulfato, em mol · L^{-1}, na solução inicial.
b) Determine o tempo necessário para deposição de todo o cobre existente na solução, considerando 1 F = 96.500 C.

15. (UNESP) Após o Neolítico, a história da humanidade caracterizou-se pelo uso de determinados metais e suas ligas. Assim, à idade do cobre (e do bronze) sucedeu-se a idade do ferro (e do aço), sendo que mais recentemente iniciou-se o uso intensivo do alumínio.

Esta sequência histórica se deve aos diferentes processos de obtenção dos metais correspondentes, que envolvem condições de redução sucessivamente mais drásticas.

a) Usando os símbolos químicos, escreva a sequência destes metais, partindo do menos nobre para o mais nobre, justificando-a com base nas informações acima.

b) Para a produção do alumínio (grupo 13 da classificação periódica), utiliza-se o processo de redução eletrolítica ($Al^{3+} + 3e^- \longrightarrow Al$). Qual a massa de alumínio produzida após 300 segundos usando-se uma corrente de 9,65 $C \cdot s^{-1}$?

Dados: massa molar do Al = 27 $g \cdot mol^{-1}$; constante de Faraday F = 96.500 $C \cdot mol^{-1}$.

16. (UNESP) O alumínio metálico é produzido pela eletrólise do composto Al_2O_3, fundido, consumindo uma quantidade muito grande de energia. A reação química que ocorre pode ser representada pela equação:

$$4\ Al^{3+} + 6\ O^{2-} + 3\ C \longrightarrow 4\ Al + 3\ CO_2$$

Em um dia de trabalho, uma pessoa coletou 8,1 kg de alumínio nas ruas de uma cidade, encaminhado-os para reciclagem.

a) Calcule a quantidade de alumínio coletada, expressa em mols de átomos.

b) Quanto tempo é necessário para produzir uma quantidade de alumínio equivalente a 2 latinhas de refrigerante, a partir do Al_2O_3, sabendo-se que a célula eletrolítica opera com uma corrente de 1 A?

Dados: 1 mol de elétrons = 96.500 C; 1 C = 1 A · 1 s; massa molar do alumínio = 27 g/mol; 2 latinhas de refrigerante = 27 g.

17. (UNICAMP – SP) Em um determinado processo eletrolítico, uma pilha mostrou-se capaz de fornecer $5{,}0 \cdot 10^{-3}$ mols de elétrons, esgotando-se depois.

a) Quantas pilhas seriam necessárias para se depositar 0,05 mols de cobre metálico, a partir de uma solução de Cu^{2+}, mantendo-se as mesmas condições do processo eletrolítico?

b) Quantos gramas de cobre seriam depositados, nesse caso? (Cu = 63,5)

18. (UFMG) Considere a eletrólise de 200 mL de solução 0,10 mol/L de sulfato de cobre (II) numa cuba com eletrodos de platina, por uma corrente de 0,20 A.

(Faraday = 96.500 C/mol e^-)

1) Escreva a equação da semirreação catódica.

2) Escreva a equação da semirreação anódica.

3) Calcule o tempo necessário para reduzir à metade a concentração dos íons Cu^{2+}.

19. (CESGRANRIO – RJ) Em uma cuba eletrolítica, utilizou-se uma corrente de 3 A para depositar toda prata existente em 400 mL de uma solução 0,1 mol/L de $AgNO_3$(1 F = 96.500 C; massas atômicas: Ag = 108; N = 14; O = 16). Com base nesses dados, podemos afirmar que o tempo necessário para realizar a operação foi próximo de:

a) 21 min
b) 10 min
c) 5 min
d) 3 min
e) 2 min

20. (UNICAMP – SP) Câmeras fotográficas, celulares e computadores, todos veículos de comunicação, têm algo em comum: pilhas (baterias). Uma boa pilha deve ser econômica, estável, segura e leve. A pilha perfeita ainda não existe. Simplificadamente, pode-se considerar que uma pilha seja constituída por dois eletrodos, sendo um deles o ânodo, formado por um metal facilmente oxidável, como ilustrado pela equação envolvendo o par íon/metal;

$$M = M^{n+} + n\,e^-$$

A capacidade eletroquímica de um eletrodo é definida como a quantidade teórica de carga elétrica produzida por grama de material consumido. A tabela a seguir mostra o potencial-padrão de redução de cinco metais que poderiam ser utilizados, como ânodos, em pilhas:

Par íon/metal	Potencial-padrão de redução/volts
Ag^+/Ag	+0,80
Ni^{2+}/Ni	−0,23
Cd^{2+}/Cd	−0,40
Cr^{3+}/Cr	−0,73
Zn^{2+}/Zn	−0,76

a) Considere para todas as possíveis pilhas que: o cátodo seja sempre o mesmo, a carga total seja fixada num mesmo valor e que a prioridade seja dada para o peso da pilha. Qual seria o metal escolhido como ânodo? Justifique.

b) Considerando-se um mesmo cátodo, qual seria o metal escolhido como ânodo, se o potencial da pilha deve ser o mais elevado possível? Justifique.

Dados: massas molares em g/mol: Ag = 108, Ni = 58, Cd = 112, Cr = 52, Zn = 65.

21. (UNICAMP – SP) Como o vigia estava sob forte suspeita, nossos heróis resolveram fazer um teste para verificar se ele se encontrava alcoolizado. Para isso usaram um bafômetro e encontraram resultado negativo. Os bafômetros são instrumentos que indicam a quantidade de etanol presente no sangue de um indivíduo, pela análise do ar expelido pelos pulmões. Acima de 35 microgramas ($7{,}6 \cdot 10^{-7}$ mol) de etanol por 100 mL de ar dos pulmões, o indivíduo é considerado embriagado. Os modelos mais recentes de bafômetro fazem uso da reação de oxidação do etanol sobre um eletrodo de platina. A semirreação de oxidação corresponde à reação do etanol com água, dando ácido acético e liberando prótons. A outra semirreação é a redução do oxigênio, produzindo água.

a) Escreva as equações químicas que representa essas duas semirreações.

b) Admitindo 35 microgramas de etanol, qual a corrente i (em ampères) medida no instrumento, se considerarmos que o tempo de medida (de reação) foi de 29 segundos?

Dados: carga do elétron = $1{,}6 \cdot 10^{-19}$ coulombs; constante de Avogadro = $6 \cdot 10^{23}$ mol^{-1}; $Q = i\,\Delta t$ (tempo em segundos e Q = carga em coulombs), massa molar do C_2H_6O = 46 g/mol.

22. (FGV) Soluções aquosas de $NiSO_4$, $CuSO_4$ e $Fe_2(SO_4)_3$, todas de concentração 1 mol/L, foram eletrolisadas no circuito esquematizado, empregando eletrodos inertes.

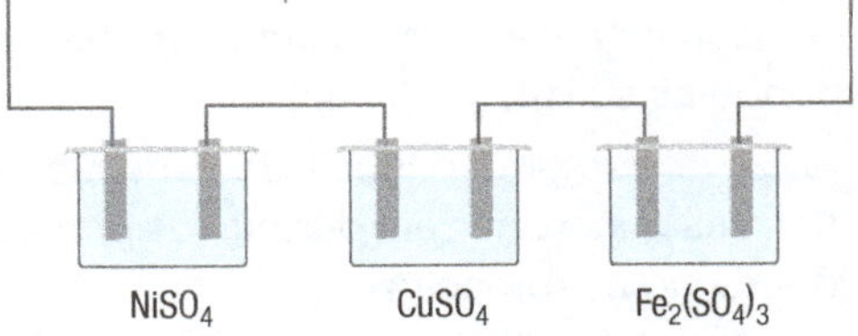

Após um período de funcionamento do circuito, observou-se a deposição de 29,35 g de níquel metálico a partir da solução de $NiSO_4$. São dadas as massas molares, expressas em g/mol: Cu = 63,50; Fe = 55,80; Ni = 58,70.

Supondo 100% de rendimento no processo, as quantidades de cobre e de ferro, em gramas, depositadas a partir de suas respectivas soluções são, respectivamente,

a) 21,17 e 18,60.
b) 21,17 e 29,35.
c) 31,75 e 18,60.
d) 31,75 e 27,90.
e) 63,50 e 88,80.

23. (UFRN) Já quase na hora da procissão, Padre Inácio pediu a Zé das Joias que dourasse a coroa da imagem da padroeira com meio grama de ouro. Pouco depois, ainda chegou Dona Nenzinha, também apressada, querendo cromar uma medalha da santa, para usá-la no mesmo evento religioso. Diante de tanta urgência, o ourives resolveu fazer, ao mesmo tempo, ambos os serviços encomendados. Então, ligou, em série, duas celas eletroquímicas que continham a coroa e a medalha, mergulhadas nas respectivas soluções de cloreto de ouro (III) ($AuCl_3$) e cloreto de cromo (III) ($CrCl_3$), como se vê na figura a seguir.

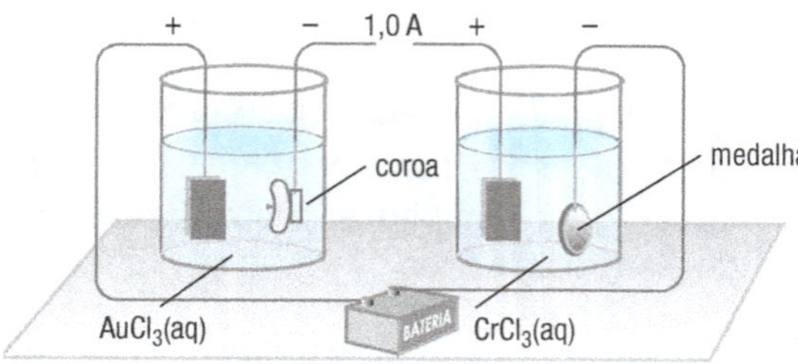

Sabendo que durante a operação de galvanoplastia circulou no equipamento uma corrente de 1,0 A, responda as solicitações abaixo:

I. Escreva as semirreações de redução dos cátions as quais ocorrem durante os processos de douração e cromação.
II. Calcule quantos minutos serão gastos para dourar a coroa com meio grama de ouro.

Dados: massa molar do ouro = 197 g/mol, 1 F = = 96.500 C/mol.

24. (CEFET – PR) A galvanoplastia ou eletrodeposição metálica é uma técnica de revestimento de superfície para fins estéticos ou fins de proteção que consiste na eletrólise de uma solução contendo o íon metálico que deseja ser depositado. Nesta solução são adicionadas substâncias que ajudam o processo a ocorrer com mais eficiência, tais como agentes sequestrantes, abrilhantadores, complexantes etc. Normalmente, para cada banho são utilizados, além da peça em que se deseja formar o depósito, eletrodos do metal que se está depositando. Por exemplo, na niquelação, a peça que se deseja niquelar será conectada num dos eletrodos sendo o outro eletrodo formado por uma barra de níquel de elevada pureza. Com base nestas informações analise as proposições a seguir e depois assinale a alternativa correta.

I. A reação catódica é a dissolução da barra de níquel representada pela equação
$$Ni \longrightarrow Ni^{2+} + 2e^-$$
II. A reação catódica é a deposição do níquel na superfície da peça correspondente pela equação
$$Ni^{2+} + 2e^- \longrightarrow Ni$$
III. Na barra de níquel ocorrerá a redução dos átomos de níquel e consequentemente ela será consumida.
IV. A concentração de íons níquel na solução eletrolítica permanecerá constante durante a eletrólise.
V. Será formado um depósito de níquel de aproximadamente 0,6 g ao se eletrolisar esta solução por 16 min fazendo passar uma corrente de 2 A.

São corretas apenas as alternativas:

a) I, II e IV.
b) I, III e V.
c) I, II e III.
d) II, III e IV.
e) II, IV e V.

Dados: M (Ni) = 58,71 g/mol, F = 96.500 C/mol.

25. (FUVEST – SP) A determinação do elétron pode ser feita por método eletroquímico, utilizando a aparelhagem representada na figura abaixo.

Duas placas de zinco são mergulhadas em uma solução aquosa de sulfato de zinco ($ZnSO_4$). Uma das placas é conectada ao polo positivo de uma bateria. A corrente que flui pelo circuito é medida por um amperímetro inserido entre a outra placa de Zn e o polo negativo da bateria.

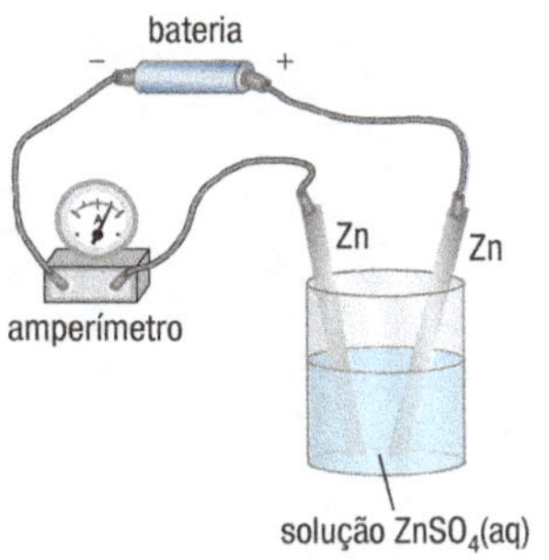

ANA OLÍVIA JUSTO/acervo da editora

A massa das placas é medida antes e depois da passagem de corrente elétrica por determinado tempo. Em um experimento, utilizando essa aparelhagem, observou-se que a massa da placa, conectada ao polo positivo da bateria, diminuiu de 0,0327 g. Este foi, também, o aumento de massa da placa conectada ao polo negativo.

a) Descreva o que aconteceu na placa em que houve perda de massa e também o que aconteceu na placa em que houve ganho de massa.
b) Calcule a quantidade de matéria de elétrons (em mol) envolvida na variação de massa que ocorreu em uma das placas do experimento descrito.
c) Nesse experimento, fluiu pelo circuito uma corrente de 0,050 A durante 1.920 s. Utilizando esses resultados experimentais, calcule a carga de um elétron.

Dados: massa molar do Zn = 65,4 g mol^{-1}, constante de Avogadro = $6,0 \cdot 10^{23}$ mol^{-1}.

26. (UFU – MG) Do ponto de vista econômico e de sua sustentabilidade do meio ambiente, a reciclagem de materiais é muito importante, pois diminui a quantidade de lixo e a contaminação de águas, solos e ar e minimiza gastos com a produção de materiais e com a utilização de recursos naturais. Entre os materiais que podem ser reciclados, podemos citar o alumínio (Al).

O Al é normalmente obtido por eletrólise de óxido de alumínio (Al_2O_3) dissolvida em criolita (Na_3AlF_6), fundida a 1.000 °C, empregando eletrodos de grafite (C), envolvendo a seguinte reação global:

$$2\ Al_2O_3(l) \xrightarrow{\text{eletrólise}} 4\ Al(s) + 3\ O_2(g)$$

a) Assumindo-se que 9,72 toneladas de Al são recicladas por mês a partir de sucatas, qual a quantidade (em toneladas) de minério bauxita que deixará de ser extraída, se esse minério contém 40% de Al_2O_3?
b) Considerando a utilização de Al reciclado na obtenção de $AlCl_3$, um composto largamente utilizado na indústria química, calcule a quantidade produzida desse composto se forem empregados 270 g de Al reciclado e 639 g de gás cloro (Cl_2).

Dados: massas molares em g/mol: Al = 27, Cl = = 35,5, O = 16.

27. (PUC – SP) A célula combustível é um exemplo interessante de dispositivo para a obtenção de energia elétrica para veículos automotores, com uma eficiência superior aos motores de combustão interna.

Uma célula combustível que vem sendo desenvolvida utiliza o metanol como combustível. A reação ocorre na presença de água em meio ácido, contando com eletrodos de platina.

Para esse dispositivo, no eletrodo A ocorre a seguinte reação:

$$CH_3OH(l) + H_2O \longrightarrow CO_2 + 6\,H^+(aq) + 6e^- \qquad E^0 = 0{,}02\ V$$

Enquanto que no eletrodo B ocorre o processo:

$$O_2(g) + 4\,H^+(aq) + 4e^- \longrightarrow 2\,H_2O(l) \qquad E^0 = 1{,}23\ V$$

Para esse dispositivo, os polos dos eletrodos A e B, a ddp da pilha no estado padrão e a carga elétrica que percorre o circuito no consumo de 32 g de metanol são, respectivamente,

a) negativo, positivo, $\Delta E^0 = 1{,}21$ V, Q = 579.000 C.

b) negativo, positivo, $\Delta E^0 = 1{,}21$ V, Q = 386.000 C.

c) negativo, positivo, $\Delta E^0 = 1{,}25$ V, Q = 96.500 C.

d) positivo, negativo, $\Delta E^0 = 1{,}25$ V, Q = 579.000 C.

e) positivo, negativo, $\Delta E^0 = 1{,}87$ V, Q = 96.500 C.

Dados: constante de Faraday (F) = 96.500 C, massa molar do CH_3OH = 32 g/mol.

Exercícios Série Platina

1. (ENEM) A eletrólise é muito empregada na indústria com o objetivo de reaproveitar parte dos metais sucateados. O cobre, por exemplo, é um dos metais com maior rendimento no processo de eletrólise, com uma recuperação de aproximadamente 99,9%. Por ser um metal de alto valor comercial e de múltiplas aplicações, sua recuperação torna-se viável economicamente.

Suponha que, em um processo de recuperação de cobre puro, tenha-se eletrolisado uma solução de sulfato de cobre (II) ($CuSO_4$) durante 3 h, empregando-se uma corrente elétrica de intensidade igual a 10 A. A massa de cobre puro recuperada é de aproximadamente

a) 0,02 g b) 0,04 g c) 2,40 g d) 35,5 g e) 71,0 g

Dados: constante de Faraday F = 96.500 C/mol; massa molar em g/mol: Cu = 63,5.

2. (UNICAMP – SP – adaptada) Na reciclagem de embalagens de alumínio, usam-se apenas 5% da energia despendida na sua fabricação a partir do minério de bauxita. No entanto, não se deve esquecer a enorme quantidade de energia envolvida nessa fabricação ($3{,}6 \cdot 10^6$ joules por latinha), além do fato de que a bauxita contém (em média) 55% de óxido de alumínio (alumina) e 45% de resíduos sólidos.

a) Escreva a semirreação catódica que ocorre na eletrólise ígnea do Al_2O_3.

b) Considerando que em 2010 o Brasil produziu $32 \cdot 10^6$ toneladas de alumínio metálico a partir da bauxita, calcule quantas toneladas de resíduos sólidos foram geradas nesse período por essa atividade.

Dica: determine primeiro a massa de Al em 106 g de bauxita.

Dados: massas molares em g/mol: Al_2O_3 = 102; Al = 27.

c) Calcule o número de banhos que poderiam ser tomados com a necessária para produzir apenas uma latinha de alumínio, estimando em 10 minutos o tempo de duração do banho, em um chuveiro cuja potência é de 3.000 W.

Dado: $W = J \cdot s^{-1}$.

3. (UNICAMP – SP) A Revista n.° 126 veiculou uma notícia sobre uma máquina de lavar que deixa as roupas limpas sem a necessidade de usar produtos alvejantes e elimina praticamente todas as bactérias dos tecidos. O segredo do equipamento? A injeção de íons prata durante a operação de lavagem. A corrente elétrica passa por duas chapas de prata, do tamanho de uma goma de mascar, gerando íons prata, que são lançados na água durante os ciclos de limpeza.

a) No seu site, o fabricante informa que a máquina de lavar fornece 100 quadrilhões ($100 \cdot 10^{15}$) de íons prata a cada lavagem. Considerando que a máquina seja utilizada 3 vezes por semana, quantos gramas de prata são lançados no ambiente em um ano (52 semanas)?

b) Considere que a liberação de íons Ag^+ em função do tempo se dá de acordo com o gráfico a seguir. Calcule a corrente em ampéres (C/s) em que a máquina está operando na liberação dos íons. Mostre seu raciocínio.

Dados: $F = 96.500\ C\ mol^{-1}$, constante de Avogadro = $= 6{,}02 \cdot 10^{23}\ mol^{-1}$.

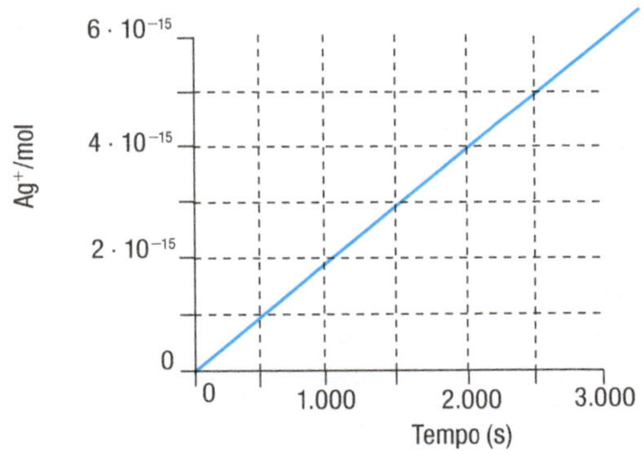

4. (UNESP) O valor da constante de Avogadro é determinado experimentalmente, sendo que os melhores valores resultam da medição de difração de raios X de distâncias reticulares em metais e em sais. O valor obtido mais recentemente e recomendado é $6{,}02214 \times 10^{23}\ mol^{-1}$.

Um modo alternativo de se determinar a constante de Avogadro é utilizar experimentos de eletrólise. Essa determinação se baseia no princípio enunciado por Michael Faraday (1791-1867), segundo o qual a quantidade de produto formado (ou reagente consumido) pela eletrólise é diretamente proporcional à carga que flui pela célula eletrolítica.

Observe o esquema que representa uma célula eletrolítica composta de dois eletrodos de zinco metálico imersos em uma solução $0{,}10\ mol \cdot L^{-1}$ de sulfato de zinco ($ZnSO_4$). Os eletrodos de zinco estão conectados a um circuito alimentado por uma fonte de energia, com corrente contínua (CC), em série com um amperímetro (amp) e com um resistor (R) com resistência ôhmica variável.

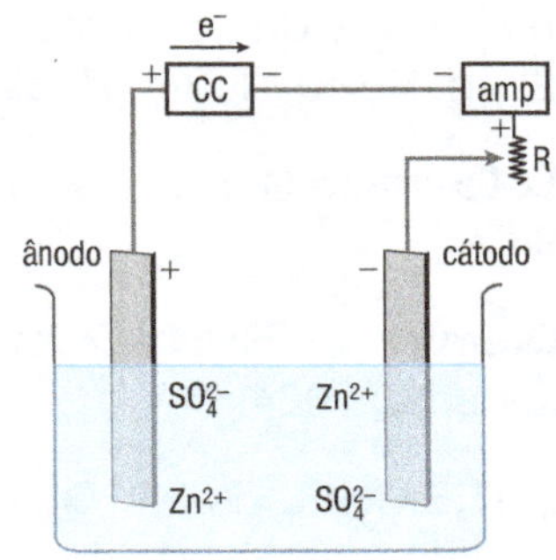

Após a realização da eletrólise aquosa, o eletrodo de zinco que atuou como cátodo no experimento foi levado para secagem em uma estufa e, posteriormente, pesado em uma balança analítica. Os resultados dos parâmetros medidos estão apresentados na tabela.

Parâmetro	Medida
carga	168 C
massa do eletrodo de Zn inicial (antes da realização da eletrólise)	2,5000 g
massa do eletrodo de Zn final (após a realização da eletrólise)	2,5550 g

Escreva a equação química balanceada da semirreação que ocorre no cátodo e calcule, utilizando os dados experimentais contidos na tabela, o valor da constante de Avogadro obtida.

Dados: massa molar, em $g \cdot mol^{-1}$: Zn = 65,4; carga do elétron, em $C \cdot elétron^{-1}$: $1{,}6 \times 10^{-19}$.

Bibliografia

ATKINS, P.; JONES, L. **Princípios de Química** – questionando a vida moderna e o meio ambiente. 2. ed. Porto Alegre: Bookman, 2001.

EBBING, D. D. **Química Geral**. 5. ed. Rio de Janeiro: LTC, 1998. v. 2.

FELTRE, R. **Química 2** – Físico-Química. 6. ed. São Paulo: Moderna, 2004.

KOTZ, J. C.; TREICHEL, P. M. **Química Geral e Reações Químicas**. 4. ed. Rio de Janeiro: LTC, 2002. 2 v.

PERUZZO, F. M.; CANTO, E. L. de. **Química na Abordagem do Cotidiano**. 4. ed. São Paulo: Moderna, 2006.

RUSSEL, J. B. **Química Geral**. 2. ed. São Paulo: Pearson Education, 1995.

USBERCO, J.; SALVADOR, E. **Química 2** – Físico-Química. 9. ed. São Paulo: Saraiva, 2005.